让与你合作的人都赢

职场第一课·人际协调

速溶综合研究所 著

中信出版集团·北京

图书在版编目（CIP）数据

让与你合作的人都赢：职场第一课·人际协调 / 速溶综合研究所著. -- 北京：中信出版社，2018.12
ISBN 978-7-5086-9551-8

I. ①让… II. ①速… III. ①人际关系－通俗读物 IV. ① C912.11-49

中国版本图书馆 CIP 数据核字（2018）第 226445 号

让与你合作的人都赢——职场第一课·人际协调

著　　者：速溶综合研究所
出版发行：中信出版集团股份有限公司
（北京市朝阳区惠新东街甲 4 号富盛大厦 2 座　邮编　100029）
承 印 者：中国电影出版社印刷厂

开　　本：880mm×1230mm　1/32　　印　　张：6.25　　字　　数：72 千字
版　　次：2018 年 12 月第 1 版　　印　　次：2018 年 12 月第 1 次印刷
广告经营许可证：京朝工商广字第 8087 号
书　　号：ISBN 978-7-5086-9551-8
定　　价：36.00 元

总　序

师北宸
“写作训练营”创始人

给你一整套职场通关地图

你可能还没进入职场，或者刚刚进入职场，我相信你曾经遇到这种情况：公司领导或学校老师交办你几件事，你一一做了记录，然后转头便开始干活。为了快点做完，你几乎顾不上跟领导或老师确认任务目标。在整个过程中，你也很少与别人沟通，更别说仔细思考怎么做才能更高效。

这样做的结果是，你好不容易赶在截止日期之前搞定了任务，但等着你的，很可能是领导或老师的不满——很少有人一次就能把工作做到位。

问题到底出在哪里呢？时间管理不行？工作方法不对？……

针对这个问题，这套书中的比基涅斯博士提出了一个简洁有效的“解决问题三步法”：提出问题（what）——分析问题（why）——解决问题（how）。

面对每一个问题时，如果你都可以运用这个三步法，绝大部分问题都可以迎刃而解。

这个解决问题三步法，是在训练你的逻辑思考力。按照这个三步法，你接到任务以后，首先该做的不是立刻执行，而是花些时间对任务进行解码和翻译。针对问题做解码和翻译花的时间，应该是在执行上花的时间的好几倍。

书中阐述的解决问题三步法，是这样操作的：

提出问题（what）：对于他人交办的事情，你与对方沟通并确认了具体的任务目标是什么吗？

分析问题（why）：你需要花多长时间完成任务？对于应该先做什么、后做什么，你有时间管理的意识吗？完成任务需要动用什么资源？可以找哪些同事合作？你的人际协调能力和职场交涉能力过关吗？

解决问题（how）：在扎实做好前两步的基础之上，再开始具体执行。

别小看上面这个过程，无论是对大项目还是小问题，这三步都行之有效。

职场比拼的永远是一个人的综合实力，光是单一技能过硬，还是不够的。

“职场第一课”系列由 5 本独立的小册子组成，你可以根据自己的需求和喜好挑某个章节读，也可以随意翻开某个章节读。

但是，我更推荐的阅读方式是，把 5 本书一口气看完。它们就像一副拼图，只有把这 5 项技能组合起来，才能拼出完整的职场通关地图，你才能汲取其中最精华的部分，才能体会到组合拳的威力。

所以，这是一套值得你反复阅读的好书。

给你一套职场复盘的指南

一个人在职场中的时间大约为40年，考虑到现在人类寿命变得更长了，这个时间可能会增加到50年甚至60年。

有些人重复做一项工作10年都没有进步，有些人工作一年，比别人工作10年积累的经验还要多。

我喜欢总结与复盘。我每天会处理好几件事情，每处理完一件事情，我都会复盘反思，不断停下来审视自己的不足，并思考如何改进。很多时候我会写下来——写作有利于思考，有利于沉淀，有利于发现不足，更有利于逐渐找到答案。

在阅读“职场第一课”系列书稿期间，我正在创办写作训练营，也在打磨我的写作课程。由于是创业初期，我每天都会有非常多琐碎的事情需要处理，同时还有大量的客户和学员需要约见。

在这短短几个月的时间里，我更加感受到了时间管理和信息管理的必要性，及良好的人际协调能力的重要性。这套书不仅对职场新人非常有帮助，对我这种工作了10多年的人也依然有很大帮助——尤其是，整套书还有图解示范，阅读起来更加轻松，也使我对职场类书籍有了新的认识，并不是所有的职场类书籍都过于干涩、难读。

事实上，每一次职场调动，或者每一次新挑战，都会让我们回到一个新的起点，再次成为职场新人。

我很喜欢这套书的编排方式。每个单元开头都是先由一位职场新人提问，然后比基涅斯博士会给出一个概括性的回答。紧接着，作者便开始介绍相关概念和理论，再用图解的方式将其具体解释清楚。整个过程非常生动，而且一目了然。

最精妙的设计是，在每个章节结尾部分，作者都会提供一项小测试，用来帮读者做“诊断”。

这个小测试的优势还在于，你有两种测试方法可以选择：第一种是前测，就是先测，找出问题，带着问题到书中找答案；第二种是后测，当你合上书本，实践一段时间回来复盘的时候再去测试，便可以知道自己是否真的掌握了这些技能。

如果你有兴趣，把两次的测试结果比较一下，一定会惊喜地看见自己的进步和成长。

从教到练，再到测试，这样就形成了一个完整的学习闭环。职场类的书，读完一定要用。不用，就不是你的；开始运用，它就会内化为你的能力。

这是一套值得你放在书桌上最显眼位置并且反复阅读的书。

带你进入一个真实的职场

我喜欢这套书还有一个原因，它为读者再现了一个真实的职场，一次性呈现出了上百个常见的职场问题，并且都非常接地气，你学完就可以运用。比如：

为什么其他同事都能够打成一片，我却做不到？

在跟同事交往的过程中，我总是被牵着鼻子走，是我不够强大吗？

怎样才能让领导发现我是被埋没的金子呢？

……

如果我们把进入职场看作就读一所“大学”的开始，那么对我们来说最重要的是什么呢？

毫无疑问是学习和成长。

上学的时候，你可以去听课、泡图书馆、跟室友讨论，到了职场中，几乎身边的每一个人，包括同级、上级，甚至你的客户、展会上认识的行业伙伴，都可以成为你的老师和指路人。

对于新入职员工的培养，日本的公司往往采用师徒制。如果你的公司也有这样的制度，那再好不过了，如果没有，那我强烈建议你主动给自己寻找一位导师，如果暂时还没有找到的话，你就先把比基涅斯博士当成你的导师吧。相信我，他真的非常睿智。

所以，这是一套适合你随时翻阅的书，它可以帮助你随时开启和比基涅斯博士的对话。

对了，我们还为你精心准备了一套价值 99 元的“知识星球·写作课程”，随书免费赠送，扫描二维码即可领取。如果说进入职场有三门必修课，那写作一定是其中之一。欢迎你在读书过程中，将你的读书笔记和书评与周围的同事和朋友分享，也欢迎你关注微信公众号“师北宸（beichenshi01）”，将你阅读这套书的感受告诉我。

快去阅读吧，书中还藏着非常多的小惊喜，等你慢慢去发现。

扫码加入写作训练营

登场人物介绍
Main Characters

速溶综合研究所是一所由各方超级专家和研究员组成，专门研究职场、社会与经济等方面问题，并为有这方面困扰的人们提供解决方案的研究机构。

此次，一家蔬菜配送公司邀请了研究所的比基涅斯博士，来帮助员工解决业务中的人际关系问题以提升业绩。是什么问题困扰着那里的员工呢？比基涅斯博士和助手艾玛能否顺利解决所有问题？

比基涅斯博士

社会学者　　性别：男　　年龄：55 岁

速溶综合研究所的研究员，专攻社会学。常年带着助手到不同的地方去考察，喜欢在随身携带的手账上记录各种细节。习惯一边吃早餐一边翻阅报刊。最近对社会人的职场技能颇有兴趣，每周两次到蔬菜配送公司研究和解答相关课题。思考太过投入时会自言自语起来。

艾玛

比基涅斯博士助手　　性别：女　　年龄：25 岁

比基涅斯博士的得力助手。由于曾经有过新闻记者的经历，所以对于现场的确认特别执着。认真是艾玛最大的特点，很多时候她说话比较直，但是个内心非常淳朴、善良的女生。最近跟着博士出入蔬菜配送公司，负责记录员工们的人际问题并帮助推行解决方案。

小洋

性别：男　　年龄：24 岁

蔬菜配送公司市场部的新入职员工，性格开朗，在人际交往中不拘小节，这也导致考虑问题往往不够周全。对新鲜事物毫无抵抗力。最喜欢的蔬菜是番茄。面对比基涅斯博士的说教感到苦恼，但是并不讨厌。为表感谢，想邀比基涅斯博士去看爵士现场秀。

小米

性别：女　　年龄：23 岁

和小洋同一时期入职的客服部员工，做事细心，但性格害羞。想象力丰富，对于蔬菜的各种知识感到无比好奇。最喜欢的蔬菜是蘑菇。由于比较内向，周末通常宅在家里。最近因为参与博士的人际社交课题，和艾玛成为好朋友，有职场的烦恼时也会向艾玛倾诉。

蔬菜君们　　性别：不详　　年龄：幼齿

小洋和小米所在蔬菜配送公司的事业部里，来往着许多蔬菜君。它们跟在业务员们的身边出入市场，时不时无意地制造一些小麻烦，但在关键时刻也会忽然提出灵光一现的好点子。

CONTENTS 目 录

第1章

不借他人之力，何以在职场勇往直前

第2章 如何扩大你的人际网

第 3 章

如何挖掘和善用既有的人际资源

第 4 章

如何维护日常的人际关系

第 5 章 职场人际关系中哪里可加分

第 6 章 人际协调小测试 Ready? Go!

新人入职场，漫漫长路你确定不需要装备吗？

与工作能力强的人组建的人际关系网，就是一种职场装备。而人际协调技能，就是建立人际关系网获取职场装备的一种重要能力！

组建你的人际关系资源网

第1章

不借他人之力，何以在职场勇往直前

TOPIC

1–1

职场第一课·
人际协调

为什么人际协调技能是职场必备

● 织出自己的人际资源网，让职场的打怪升级之路更顺畅！

QUESTION

作为初入职场的小菜鸟，我觉得大家应该都跟我一样，感觉干劲十足吧？那么是不是只要我埋头做事、勤学苦干，大 BOSS（老板）就会敏锐地发现我这块金子，然后给我升职加薪，让我走向人生巅峰?!

ANSWER

干得漂亮的“熟练工”固然很重要，但我们无法一蹴而就；在丰满羽翼的过程中，我们可能会因为缺乏领路者而走错方向、失去信心。此时如果拥有良好的人际协调能力，在事业开展上就能起到事半功倍的效果。

丰富的人际关系资源是职场高手的必要装备

古往今来，几乎没有仅凭单兵作战便获得成功的先例，任何事业的建立都需要良好的分工协作，在职场上尤其如此。我们不难观察到，凡事业成功者往往至少具备以下三个因素之一：一是充裕的资本；二是充足的信息；三是充实的人际资源。而据有关统计，通过资本与信息获得成功者分别仅占 1% 及 5%，高达 94% 的比例是借助优秀的人际交往能力登上事业高峰的。

成功者通常具备以下三要素之一

其实原因很简单：**一方面，获取充足的资本与及**

时的信息渠道，对于创业初期的新人来说，往往是可遇而不可求的，我们的人际资源却是可以通过自己努力而获取和拓展的；另一方面，从本质上来说，资本与信息都是可量化的资源，但足够的资本与有价值的信息都存在偶然性及不可持续性，人际资源网络却是可维系的、持久的个人附加值。

高超的人际协调技能是工作能力的重要组成部分

那么，作为职场新人，我们该如何着手搭建并构筑自己的人际资源网络呢？这就要求我们不断培养并锻炼强大的人际协调能力。回想一下，我们在求职时，被问及频率最高的一个问题往往是“是否能妥善处理人际关系”，在填写简历的时候，我们也往往会给自己加上一条“具有良好的团队协作能力”，由此可见，是否具备良好的人际协调能力已经成为个人工作能力的重要评价标准。

不过这里得纠正的一个误区，非常多认识到人际资源重要性的新人一入职场就开始忙不迭地“广交朋友”，在各种社交活动中忙碌穿梭，由此产生了一个新的问题——无用社交。我们都知道，人的精力是有限的，尤其对于刚开始干事业的我们，需要学习和掌握的技能也很多，如果在毫无质量感的社交上花费过多的时间或精力，不仅没有效果，而且会让我们渐渐地感觉力不从心。**我们所说的人际资源网络是有效的社会关系，不是单纯地交朋友，也不同于交换名片式的点头之交，而是通过筛选和评价，与其中有较强工作能力、能从与其交往中得到自身提升的人建立的有效关系。**

职场小路灯

●高超的人际协调技能有赖于我们的长期培养，它与移情一起，属于职业情商养成的必修科目之一。让我们开始踏上这个技能的培育之路吧，它必将成为职场小将们享用终生的宝贵财富。

TOPIC

1–2

职场第一课 · 人际协调

积累人际资源的时机

● 长久的相处让友谊历久弥坚，早期建立的人际关系也许能使我们受益一生。

QUESTION

我刚进公司，平时也只需要跟客户进行简单的交流，现在没有太多人际关系资源也是正常的吧……也许时间长了自然就会有呢？

ANSWER

这就是很多年轻朋友不太重视人际交往的原因之一，殊不知越早拥有自己的人际交往圈，以后你的职场之路就能走得越坚实。惺惺相惜的友人能陪伴你成长，志同道合的队友能促使你进步，但不通过努力又如何能拥有这些呢？

把人际关系的建立当作重要的学习积累

如果把我们进入职场看作是就读一所名为“社会”的大学，那么对我们来说最重要的是什么呢？毫无疑问还是学习。比如：小洋所在的蔬菜配送公司，计划部的员工学习如何在公司现有市场份额下制订科学、合理的经营计划；市场部的员工学习如何开发、承接并维系客户；客服部的员工学习如何与客户沟通、交流，反馈并满足客户的各项需求……这一系列知识和经验的积累有助于我们提升自己的专业技能，但我们顶多能借此成为各个领域的“熟练工”。对心

人际关系的建立是一种心智的学习

怀雄心壮志的职场新人来说，职业目标不乏“跻身为公司领导者或行业领头人”，而此时若没有充分的人际关系资源网作为辅助，将举步维艰。

这要求我们的必修课表必须添上“人际关系的建立”一科，只有将它置于工作技能学习的一部分，才能时时提醒我们乐与人交、擅与人处的重要性，为人际关系资源的逐步积累奠定良好的基础。**这一学习的过程能起到双重效用。一方面，它让我们更快融入工作环境，更易寻找到职场导师。**在高阶员工的带领下，我们累积升级所需的经验值便能加速成长。**另一方面，这种学习的积累带来的社会关系上的拓展也为我们打开了一扇新的窗，让我们看到了更多的职业类型和方向。**就如念完本科四年的毕业生，可以站在新的高度思考自己未来从事的研究方向。同样，在达到了适合的工作年限后，在跨部门、跨行业的沟通中，综合计划人员、市场开发人员、客服人员等员工或许也感受到了其他岗位的魅力和挑战，蔬菜配送公司的员工或许会想到更上游的蔬菜培育基地、下游的蔬菜销售公司尝试新的工作内容，以使自己的能力得到更全面的发展。

越早建立人际关系，越早收获友谊的硕果

为什么我们要强调趁年轻建立自己的人际交往圈呢？一个大型企业成功老板的话或许值得我们思考，

人际关系的友好程度奠定合作基础与救急之道

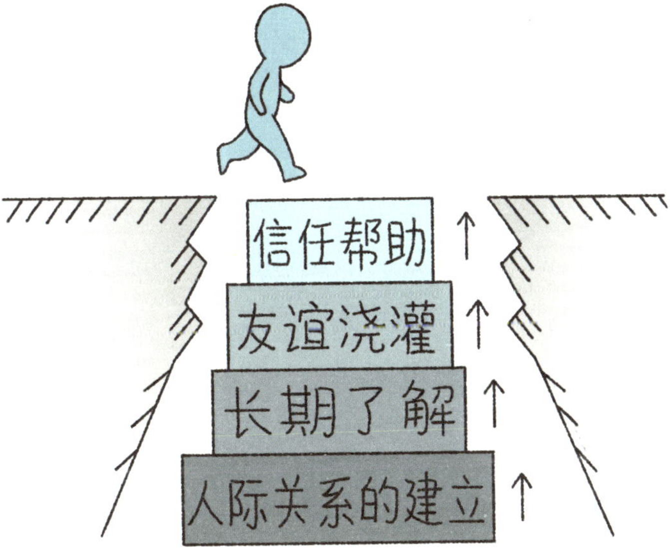

他说，他最反感的便是只在需要他帮助时才会出现在眼前的人。信任建立在长期的了解和观察中，换位思考，我们也不会轻易选择一个没有交往基础的合作伙伴。

试想，20 岁的我们如果不重视对人际关系的培育与维系，那么当我们或面临选择迷茫无助，或陷入困境束手无策，或受到打压百口莫辩的时候，有谁会给我们真诚的建议？有谁会伸出援助之手？有谁会挺身而出与你并肩同行？又甚至当我们步入 30 岁、40 岁，需要帮助或寻求合作的时候，又能从何处获得彼此信任、志同道合的伙伴？

“蔗味老弥甘，交情久更挚”，正因为我们都信奉“日久见人心”的道理，越早期结交下的朋友就越能让我们卸下防备，报以信任。试想，小洋进入公司便开始积极与前辈接触，而小米只缩在自己的小小世界里，几年之后当他们同时遇到工作上的困难与挑战时，谁更容易获得他人的帮助呢？无疑小洋及早播种的人际关系的种子，经过友谊的浇灌，已能收获资源的硕果；而小米由于处于被动社交的状态，自然没有稳固的友谊来帮助她迅速跨越困难。由此可见，**及早培育自己的人际关系网络，才能更早把握稳固和坚定的人际资源以及各种可能性。**

职场小路灯

● 金钱的积攒也许赶不上创业之初的各种开销，专业上的学习也许追不过市场日新月异的发展变化……良好的人际关系资源却是年轻的我们有能力积累的第一笔财富，我们有什么理由不努力经营呢！

TOPIC

1–3

职场第一课·人际协调

什么是人际交往的两个维度

● 纵横两个维度能为我们组建更广泛的发展面！

QUESTION

再过一周我就入职三个月了，现在跟公司所有同事都认识了，大家年龄差距不大，相信用不了多久就能熟悉并亲密起来，这样看来人际关系资源的积累 so easy（很容易）！

ANSWER

但是人际关系的建立并没有这么简单。我们首先得分清人际资源积累范围的两个维度：一个是我们通常理解的在公司内部与领导、同事的关系；另一个是随着你工作领域的横向扩展和工作层次的纵向深入，与外部各个领域、各个层级相关人士的友好联系。

公司内有人际关系资源则工作顺畅

对我们职场新人来说，最初级的人际关系建设毫无疑问是尽快融入集体，成为工作小组、工作部门、继而是公司整体团队中让人感到熟悉和自然的存在。

在这个倡导团队精神和社会分工愈细的时代，与各位队员保持良好顺畅的人际关系尤为重要，**一方面，同事之间良好的关系能直接给我们的工作带来各种便利，降低内部沟通的成本，从整体上对各项工作的开展起到积极的促进作用；另一方面，和谐的工作关系也会让我们周围的气氛更融洽，使各项工作在愉悦的环境中顺利进行。**

试想一下，小洋作为蔬菜配送公司的市场部员工，有一个不错的市场推广的想法，通宵加班赶制出一份企划书。可是因为小洋资历尚浅，也没有找到有经验的指导者对企划书进行把关，因此该企划书在操作性方面存在较多细节问题，显得不够成熟。如果小洋这样贸然把企划书送到审批部门，通过的可能性非常低尚且不说，因为考虑不周到，还可能给各位领导和同事留下做事马虎、粗心的不良印象，这就得不偿失了。

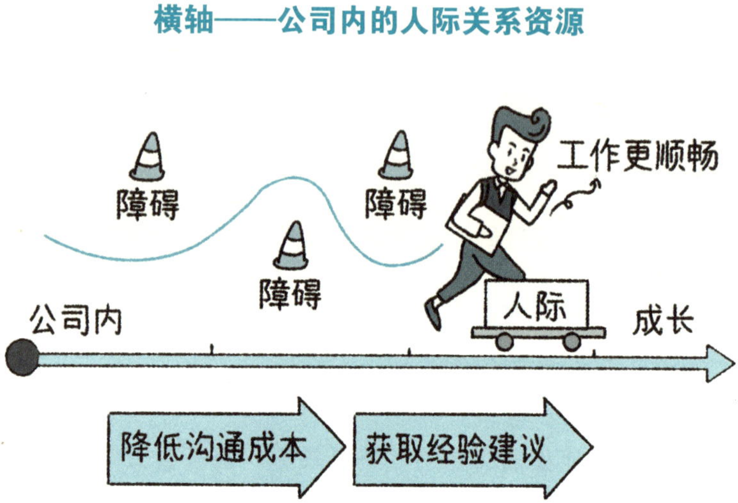

但如果小洋在公司内有良好的人际关系，首先，他可以向经验丰富、观察敏锐的前辈请教，探讨过后的方案会更加切合实际并具有可操作性；其次，经过多番论证，即便最终这份企划书没有被采纳，大家给予的建议也会让你受益匪浅，相比直接否定，你在工作中的成长速度都能加快不少。

公司外有人际关系资源则视野开阔

将人际交往的范围拓展到公司之外，包括本行业及与之相似或相关的其他行业，甚至是上下游的产业，就是我们所说的人际关系的第二个维度。与外部的人士交往的意义既有直接的商业价值，也有自我提升的非凡意义。

我们仍然以小洋为例，除了维系与老客户的合作关系，市场部的任务便是寻求潜在的合作客户，从而增加公司的市场占有率。那么小洋的直接目标便是各蔬菜销售商，最简单有效的方法就是结识并联系有

纵轴——公司外的人际关系资源

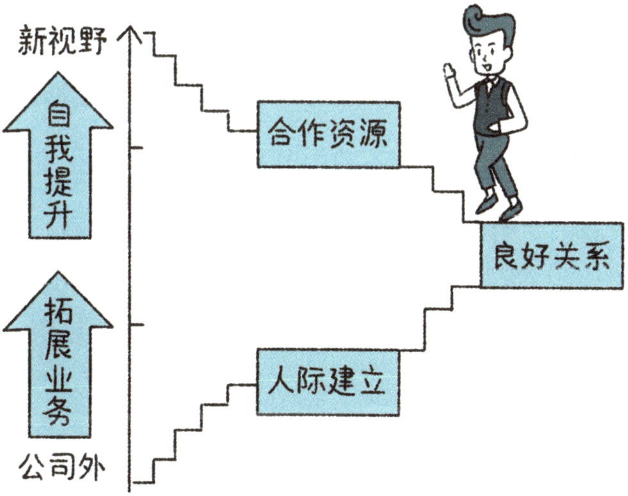

决定权的人，只有从能争取到与他喝一杯茶的时间开始，才有可能在不断深入交往和谈判中做到与该销售商长期大单合作。

当我们已在公司内部有了熟悉度，我们的工作也走上了稳定的轨道，且有了自己的职业规划和短中期的目标，这时候，如果我们的视野仍局限在公司内部这个狭窄的范围，也许我们看到的永远只是蔬菜配送这一个环节，**只有当我们跳出这个界限才能打开眼界，接触到更多的潜在市场，寻找到新的思路和目标并提升业绩。**

职场小路灯

●在人际关系网的建立上，我们应全面把握上述两个维度。一个成熟的人际关系资源网的培育，需要不断的尝试和长期的积累，没有速成的捷径，但准确的定位能帮助我们节约时间，从而在人际关系资源的获取上取得优势。

TOPIC

1–4

职场第一课·人际协调

人际关系广泛与信赖值成正比吗

● 在人际交往中磨炼出的性格、资源、行动力，能助你赢取更多信赖值。

QUESTION

为什么都说人际关系的广泛结交对我们职场新人来说特别重要呢？

ANSWER

对职场新人来说，上司和同事对你的了解时间有限，人际交往能力自然就成为对你进行基础评价的重要因素；而人际关系也就成为职场新人能否被职场迅速接纳的关键。一个人的人际关系状况，不仅能折射出其性格和工作态度，还可能为公司带来潜在资源。嗯，待我从三个方面细细道来。

合群者性贤

非常重要的一个原因在于，人际交往广泛的人更容易获得“高情商、开朗豁达”的评价，具体到工作中，就表现为**“团队协作力”**。我们作为社会人，无论是在工作还是生活中，都离不开与同事、亲人、朋友的相处和沟通，而人们普遍会不自觉地将“是否与大家关系融洽”作为区分一个人性情好坏的标志：能与大家和睦相处的人，往往会让人觉得脾性温良、善解人意。当然，**这里并非指一味忍让、妥协的那种老好人，而是指他具备换位思考和把控言语分寸的人际协调能力。**

在小洋和小米的公司，通常新的点子都会以项目小组的形式来形成策划方案，小洋或小米作为公司新员工，如何才能顺利融入小组进行历练呢？除了必须具备扎实的专业能力，优秀的团队意识也是小组成员们特别看重的不可或缺的品质之一：是否能灵活配合项目组的每个成员各司其职，并衔接具体方案描述、工作进度安排、成本控制与盈利测算等各环节的顺利进行。

因而，在众多学历、才能都很优秀的职场新人

人际关系映射协作力

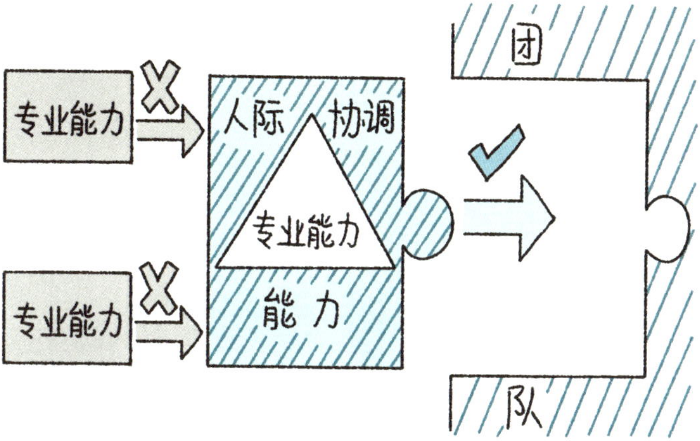

中，如果谁能具备这样的品质，意味着他具备了能超越其他竞争者的重要技能，毫无疑问他就能更轻易地获得成熟企业老板的青睐。

友众者运达

第二个原因，也是最直观的一点，我们没有办法否认，**你认识的人越多，就更容易给公司带来丰富的资源**，在服务行业中这一点体现得尤为突出。银行更欢迎带着存贷客户来的项目经理，律师事务所更期待熟识公检法系统和大企业高管的合伙人的加盟，而对蔬菜配送公司来说，当然希望新加入的员工在挖掘潜在客户方面有独特的优势。

人际关系带来机会

正如上文所说，蔬菜配送公司的活动策划方案完成之后即面临向内外推广的难题。面对团队中宣传推广的工作，交友广泛的人一定能完成得更出色。小洋因为经验不足也许不能胜任策划方案某个版块的撰写工作，但胜在人际协调技能强、交际圈广，也能够借此优势成为项目组的突出一员，因为对内由他负责沟通协调，方案的亮点能更快速地被传递给决策者；对外他有成熟的人际关系资源网，能更有效地定位到有意向的客户，让宣传效用最大化。

擅交者行笃

拥有广泛的人际关系网的人被信赖的第三个原因在于，他们在结交各界人士方面展现出了过人的行动力。一个人的人际关系资源丰富，首先说明他善与人交，即具备良好的人际沟通能力。这一技能不但是职场人士追求个人进步、谋求更高职场目标的金钥匙，也是一个公司获取新客户、开辟新市场的敲门砖。其次也反映出他勤与人交，对人际交往的主动意识和态度。

如同只有积极播种的农民才能得到满意的收成，只有主动拓展自己人际交往圈的员工才能收获丰富的人际关系资源。从蔬菜配送公司策划方案的例子中也不难看出，积极建立及经营自己人际关系资源的职场新人更容易崭露头角。如果小洋具备人际资源资本，在向外发展新业务时，不仅更具有说服力，此前策划方案的成功推广又能使他更令人信赖。

职场小路灯

●当我们看到如此情况也不会疑惑了：由于某人跟 A 公司人员打过交道，所以这件事由他负责谈判，这单业务可能成为他业绩单上漂亮的一笔，公司也会再将新机会提供给他。这都源于广泛的人际交往为他赢得更多的信赖。

打开交际之门，走出自我地带

改变一个人吃饭的习惯

从最简单的细节开始修炼人际协调技能吧！

●人际协调能力，对于这个乍看上去高不可攀的高阶技能，大家是不是突然间感到无从下手呢？放轻松，让我们从最熟悉的生活小细节开始调整，先改掉一个人吃饭的习惯吧。

以轻松的时刻为切入点

经历了一上午或者一整天忙碌的工作，大家都会习惯性地把用餐时间当作是身心的休息时间，在这种氛围中，聊聊工作、兴趣、生活中的趣事，哪怕是单纯的小八卦，都能达到同事间增进感情的不错效果。即使你是自带便当的，也不妨加入愉快的集体用餐中。

如果知道同事喜欢吃某些菜，投其所好地做一些来共同分享也是不错的方式。提前对同事们喜好的菜品进行了解，利用周末或下班的时间跟大家一起聚餐、聊天，也能给大家留下不错的印象。

选好时刻大方融入交际圈

使用平和的语言

跟还不太相熟的同事或潜在客户一起吃饭，我们建议，无论是聊天还是探讨问题，都尽量使用平和的语言、采取折中的方式发表观点，不赞同的意见可以不用勉强附和，但也不要当面过于直接地驳人脸面。可以适时让大家知道自己的底线，避免被无礼对待；**尽量对人对事都持以宽容、随和的态度，这是在交往初期最安全和妥当的方式，以便更快更好地融入陌生的群体中。**

真诚以待，互惠双赢

我们知道存在一些观点，认为交友不应该是有目的有策略的，觉得这样刻意地培养人际关系是在“套路化”友谊。在此我们要强调的是，正如我们开篇所说，**我们所提倡的培育良好人际关系不是一般意义的交朋友，但并没有脱离交友的范畴，依然需要我们在真挚和平等的基础上构筑与他人的关系。**它遵循普通朋友之间的互帮互助原则，不是单纯功利的行为，今天我的“投之以木瓜”，并非要求他人必须“报之以琼琚”，而是在相互理解与欣赏的前提下维系友好的关系。

提升自己并非巴结他人

我们鼓励大家选择合适的人际交往对象，建立并不断丰富自己的人际关系资源网，并非为了巴结或者讨好谁，而是为了让你在与优秀的人相处中获得提升自己的动力及方向，不断遇见更好的自己。当你用最初的善意和真诚的心待人，并得到相同的回报时，你也能享受并受益于这样的关系。我们认为，这将是我们从人际交往技能中得到的最美好的反馈。

改变一个人吃饭的习惯，只是我们迈出提高自己人际协调技能的第一步。职场中有很多时刻需要面对各种各样的人际关系，倘若我们掌握人际协调技能与人妥善交往，也就不会畏惧组建自己的职场人际关系。而任何关系的建立都以交流为起点，一切信息交换都要通过沟通实现，只有当我们处于一个彼此都感到舒适的空间，以微笑开始，才有机会开启我们各种未完待续的故事。

PRACTICE STARTS
课后作业

基本 人际协调技能，对人际脉络的构筑起着奠基的作用。时不时提醒自己人际协调技能的重要性，形成一种潜意识。

活用 从日常生活中开始留意施展人际协调技能的切入点吧！

陌生？不怕，先来一份入门攻略吧！

自己的小角落固然舒适温暖，但外面的世界未尝不精彩。不要迷茫，不要担忧，一经努力，未来你也能成功扩展人际交往圈。人际协调技能教你芝麻开门！

组建你的人际关系资源网

第2章

如何扩大你的人际网

TOPIC

2–1

职场第一课·人际协调

人际交往的“四级”论

● 先从人际交往对象的准确定位开始吧！

QUESTION

我与小洋交往算不算完成了人际关系资源网建立的一部分呢？

ANSWER

虽然你说得没有错，但我们要再一次强调，人际关系资源是指与职场强者间紧密的人际关系。针对我们职场新人来说，我们需要拓展的首要交往对象一般是团队中有经验的前辈。我们来看看如何定位吧！

明确人际交往的对象

如果想要有效开发你的人际关系资源，那么你需要走出一个小误区：把精力都放在与同龄人的交往上，忽视和年长者的沟通交流。我们当然能够理解，无论从兴趣爱好、生活阅历还是交往的难易度来说，同龄人之间更容易建立起轻松愉快的交往关系；而且与小伙伴建立深厚的友谊也有益于增加团队的凝聚力。

但我们强调的有效的人际交往对象，是指那些能在短期内带领我们实现经验值翻倍，或者在我们战斗时给予强大支持的后援队伍。这就决定了他们必须是职场的强者，他们或者在技能、经验方面带给我们启迪，或者在资源上能带给我们帮助。对年轻的我们来说，这些强者一般都是公司里的前辈、年长者。**简单地以我们与人际交往对象的年龄差来划分一个级别，大致可分为四级：Lv1 为年长 5~19 的人；Lv2 为年长 20~29 岁的人；Lv3 为年长 30~39 岁的人；Lv4 为年长 40 岁及以上的人。**

比如，对小米来说，在入职初期，可以选择公司里已有数年工作经验的部门前辈，有意识地多与他们接触并向其学习。通过这层人际关系资源，相信无论

人际交往对象的四个年龄差级别

在解决问题的技能方面、维护客户关系的经验方面，还是各种办事渠道上，一定会有意想不到的收获。

人际交往对象的“进阶论”

有些职场小菜鸟可能会在打造人际交往圈的尝试中遇到各种烦恼：“被前辈冷脸对待怎么办？”“该如

何避免与上司单独相处的尴尬情况？”我们不妨结合对交往对象级别的划分，给大家规划一下人际交往的进阶过程。

Lv1：对于年长5~19岁的人，我们给予他们“初级导师”的称号，由于他们完成了由职场新人到经验导师的华丽转变，与我们的年龄差也不太大，更容易对我们的遭遇感同身受。因此作为人际交往的入门者，我们可以从与他们结识开始。

职场人际交往进阶

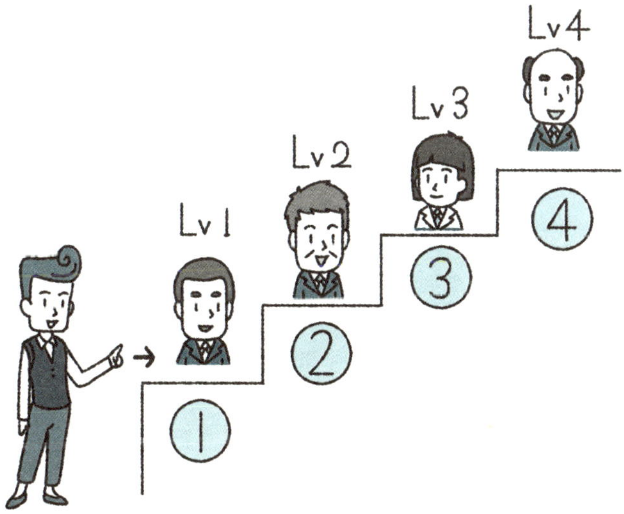

Lv2：对于年长 20~29 岁的人，我们称之为“中级导师”，一般这样的前辈都是公司内的技术骨干或者中层领导了，对我们职场新人来说，可以一开始以请教和探讨问题的方式与他们保持接触，在渐渐熟悉之后再寻求进一步交往的可能。

Lv3：对于年长 30~39 岁的人，我们称之为“高级导师”，他们通常是公司的高层领导，身居要位。在高级导师不熟悉我们的情况下，如果过于频繁地与之联系并不太合适。例如小米如果一进公司就常去找总经理，除了无法得到理想的结果，还容易引起公司其他员工不必要的猜忌。建议在高级导师知悉自己以后，再争取与他们交流的机会。

Lv4：对于年长 40 岁及以上的人，我们不妨称为“终极大 BOSS”。

相信没有人能做到一开始就和比自己大 40 岁以上，相当于自己爷爷辈的公司总裁形成和谐的朋友关系吧？我们建议对他们一方面保持高度的敬畏，另一方面在合适的时候展露自己的才华与能力；循序渐进提升自身的人际协调能力，从而通过中级或高级导师的引荐，使忙碌的大 BOSS 发现你的存在，如此获得与他们建立人际交往的可能。

职场小路灯

●只有准确把握人际关系资源的含义，对交往对象定位得当，并针对不同等级的“导师”采用不同的接触方式，才能算作我们向着“打造人际资源网”迈出了前进的第一步。

TOPIC

2-2

职场第一课·人际协调

跨越人际交往盲区的入门之道

● 理顺人际交往思路，轻松掌握小窍门！

QUESTION

我明白了，博士！那我们是不是可以立刻开始行动建立人际关系了！

ANSWER

不要着急，在此之前，我们应当先理顺人际交往的基本思路和方法，并且要尽量避免常见的几种错误。失败并不可怕，但过多的挫折不仅浪费时间和成本，严重时可能会造成心理压力和社交障碍。为了有效避免挫折，需要人际协调技能来带领我们入门。

越过人际交往的盲区

为了避免徒劳的尝试和人际资源的浪费，我们需要特别注意职场新手们常犯的几个错误。

一是在接触时选择了错误的时间，在他人繁忙期进行联系，受挫的可能性极大。季节性强的行业中员工的工作量大小会呈现周期性的变动，例如对蔬菜配送行业来说，节假日前夕就是最繁忙的时节，在这期间需要与相关人士进行沟通就需要特别的耐心并做好较长等待的预期。如果需要直接商谈工作信息，建议尽量避免将邀约的时间定在对方的特殊忙碌时期，例如许多公司会安排在周一上午定期召开例会，而公司的财务人员由于账务事宜在月末一定是抽不开身的，如果没有很好地考虑这些因素，被拒绝的可能性将大大增加。

二是选错了沟通与结交的对象。一种情形是对方未掌握自己需要的有效信息，另一种情形是联系人对自己的工作没有决定权。这两种情况都将导致无效沟通，虽耗费了时间、精力等成本，但未得到理想的效果。

三是沟通技巧使用不当，对话力欠缺。这方面失败的案例多发生在初次联系对方的时候，因为彼此都不熟悉，如果用语欠妥，没有让人感受到充分的尊重，或者过于心急，开门见山就寻求帮助，会让对方感觉结交的功利性过强，进而给今后的交往带来不良的影响，人际交往的效果也会大打折扣。

人际交往的盲区

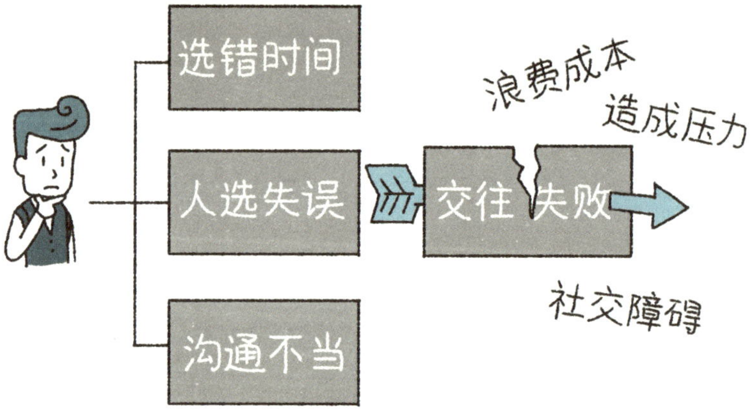

人际交往大门的正确打开方式

一般来说，与人结交没有严格的定式，但我们针对职场人际中以上的“黑色区域”，总结了几点高效的人际协调与结交步骤。

首先，要甄别具体的人选，通俗地说就是在某个领域的关键、核心人物。例如小洋在市场开发工作中意识到需要加强对同行业竞争对手的了解，一个非常好的途径是通过与竞争对手的上下游客户搭建关系平台，此时可以选取某家市场份额可观的蔬菜供应商的分销人员作为人选。人选级别的高低不是我们考量的绝对标准，但这个人选应当是我们所需必要信息的享有者。

接下来要注意接触方式的选择，尤其是初次接触时。对于全然的陌生人（指对方信息库中尚未建立起我方印象的情形），建议采用非对话形式进行联系，比如邮件或者短信，一方面为下一步的直接沟通给予某种缓冲，另一方面不直接见面也避免了初识的突兀和尴尬；同时重要的是，又能间接确认对方是否处于繁忙期、自己此时的交际请求能否得到接纳处理。

再次，我们需要把握直接邀约的时间间隔，根

据交往的进程改变行动方式。一般在发送邮件或短信进行交流 2~3 天之后，可以尝试通过电话方式进行预约。因为有邮件和短信的事先沟通作为情感铺垫，此时我们提及约见会更加自然和周到，也不会让受邀者不愉快。

最后需要提醒的一点是，如果获得了见面的机会，请尽量注意谈话的艺术。建议以工作话题为主，但辅以个人的问候和缓和气氛的闲谈，始终要保持人际交往基本的礼数，只有这样才能令对方愉快地分享信息并维持与你的交往。

高效的人际结交步骤

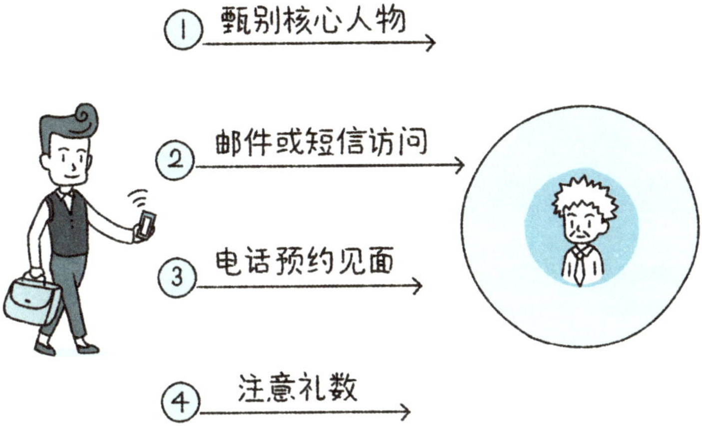

职场小路灯

●俗话说，好的开始能带来事半功倍的效果。跨越职场人际交往中的盲区顺利入门了，才能为今后我们人际交往圈的搭建支起牢固的钢筋骨架，进而迈向更加开阔的职场高台！

TOPIC

2–3

职场第一课·人际协调

以长者为师，择其善者而从之

● 千万别错过免费的职场公开课！

QUESTION

我已经懂得了人际关系资源的重要性，但是我该如何主动出击，并从人际交往中最快获取技巧和经验呢？

ANSWER

我想大家都知道，长辈一般比我们有更多经验，懂更多“套路”。但与陌生的长辈进行交流，我们的确很难立刻找到共同语言，我们不妨多向他们请教问题，勤奋好学的年轻人总是不会令人反感，也能拉近彼此的距离。

打破生疏的气氛，从大胆“提问”开始

新人进入职场希望尽快融入环境，最好的方式莫过于“多看、多听、多问”。其中多问无疑是活跃氛

围、与大家变得熟悉热络的最佳方式。**这里的"问"，尤以向比自己年长的人请教为最佳。**

很多新同事都比较羞怯，一方面自尊心作祟，担心提问会让别人觉得自己什么都不懂，被他人嘲笑；另一方面害怕提问会打扰他人，令人不满，其实大可不必有这些顾虑。一来，新手对工作的不熟悉是完全可以理解的，向前辈请教问题，反而能给人留下谦逊、勤奋的好学生印象，没有老师会拒绝一个好学的孩子；二来，人在潜意识里都有一种把自己的想法灌

以长者为师

输给他人的渴望，因此被询问者往往会非常乐意与你分享他们的工作经验，如果他能从向我们的传授中得到积极的反馈，也会感到满足并更有耐心；三来，向年长者学习工作经验不同于上专业的补习班，彼此之间并没有费用支付的关系存在，因此实际上这种“教学”更交心，质量也并非用金钱而是用一种“想告诉”的渴望来担保的，更值得我们年轻人认真汲取和深刻体会。

从不同长者那儿快速累积各方职场经验

在学校时老师告诉我们，学习没有特殊的捷径，但我们要提醒大家，良好的学习方法能大大提升我们的学习效率和效果。这其中，从各位前辈和长辈那里获取成熟的经验便是一条职场中的合理捷径。

在前文中我们已经把人际交往对象划分了四个等级，根据我们的经验：**关于工作中的技术操作等具体问题，我们建议尽量选择初级导师与中级导师，他们**

的职位及工作接触面会相对基础，也就对日常操作问题更为熟悉和精通。就像小洋接到来公司的第一个任务——完成一份对和平小区大中型蔬菜超市进货量的年度数据分析。第一次接手的他一定有很多疑惑，“如何区分大中小型超市？”“数据分析需要对比几年的数据？”等，这些问题具体而烦琐，如果不想麻烦直接上司，向同一个部门年龄差距不大的哥哥或姐姐请教无疑是最好的选择。

而关于职业规划等职场道路上的困惑，我们则建议向高级导师和大 BOSS 请教。虽然他们通常无法回答我们对具体“如何解决”的提问，但他们的阅历能使他们在像说故事一般的叙述中带给我们启迪，进而让我们延伸思考——如何提升自己解决问题的能力。比方在蔬菜公司进行入职培训后，人力资源部发给每位新员工一份填写岗位意向的表格。不同于小洋那样拥有非常坚定的职业方向，小米对此感到非常迷茫，这时不妨找公司的领导谈谈，听他们分享一些自己的职场经验，她将会有非常大的收获。

择其善者而从之

职场小路灯

●向前辈们请教，不但能使我们大方地与级别高的导师们进行沟通，从而建立起珍贵的人际关系，同时还能获得有益的商业技巧和大量的职场经验。想要快速融入职场的我们，还有什么理由不行动起来呢？

TOPIC

2–4

职场第一课·人际协调

不拘一行以友为媒，开启人生新视野

● 跨行业、跨年龄层来结交朋友吧！

QUESTION

我发现在跟人交往时，我习惯结交性格相近的同龄人。职场中结交的朋友也都是身边客服部的同事。感觉大家相同体会更多，交往也更轻松……难怪人们常说物以类聚，人以群分。

ANSWER

性近者亲，这是人之常情。但我们应当走出自己的舒适区，通过广交朋友拓宽自己的人际圈。平常与不同领域的人主动接触，能帮助你高效地收获人生体验。

广泛结交，互相学习、开拓视野

广泛结交，指与人交往不应拘于年龄、身份、地位、行业等的差距。著名诗人杜甫在诗中也说到

“人生交契无老少，论交何必先同调”。在不同的工作领域、生活环境、年龄层次，大家因为各自的社会经历、知识构成、思维习惯、兴趣爱好、生活方式等方面的差异产生激烈碰撞，才会给彼此带来思想上的火花。

正因如此，对任何一个团队来说，最理想的人员构成都是专业上面面皆全，职位上有将有兵，年龄上搭配老中青三代，这样才能做到各司其职、管理有序、相辅相成。拿蔬菜配送公司来说。小洋一进公司就被编入了市场开发部，市场部就是这样一个小团队：部门领导负责统筹协调工作，具备统领全局的能力；高级员工负责监督和指导，具有工作经验丰富、技能娴熟的特点；比小洋年长的中级员工负责维护客户，已经掌握了较为成熟的客户资源；小洋作为初级员工需要从零开始学习，但年轻人往往精力充沛、积极肯干。在这样的组合中，成员的许多观念也许会大相径庭，但也正因为这些不同的存在，团队成员才能

互相学习，互相补充，彼此提升。

因此，**与不同年龄、岗位，甚至不同行业的人打交道，将使自己的视野更为开阔，思维方式更为多样化，社会阅历也会加速积累。**相比同龄同业的人，率先跟有着不同生活阅历的人主动接触会更加高效地扩充自己各个方面的知识。

广泛结交，彼此分享、丰富阅历

心理学家的研究结果表明，分担困苦能使忧愁减半，分享愉悦能让快乐加倍。由此可见，**广交朋友并保持与人分享的习惯有助于我们形成健康的人格。这也说明广泛结交是每个人内在的精神需求。从外部需要来说，每个人都有不同的人生阅历，我们与之结交，则能从他们身上获得不同的人生体验。**

与不同职业的人结交，让我们能了解到不同行业的运作方式，拓宽知识面；与不同年纪的人交往，让年长者常葆活力，年轻人深受教诲；与拥有不同爱好的人来往，让大家乐于尝试新的事物，享受生活的惊喜；与拥有不同身份、地位的人沟通，让大家学会移情换位，更好地提高团队的协作力。以小米结交的范围为例，在蔬菜配送公司工作，与公司内部员工结交，能增进自己对工作的深入了解，进而提高工作能力；与公司的客户结交，能更好地了解蔬菜配送上下游行业的需求，敏锐地捕捉到新的商机；与老师一般

广泛结交 提升能力

的长者结交，能在他们的帮助下解除人生道路上的困惑，直接获得工作经验并学会基本的处事之道；与其他业界的人结交，能了解大经济背景下的社会形势，锻炼自己从宏观到微观观察、分析问题的能力；与爱好迥异的人结交，能拓宽对体育、娱乐、生活、时尚等不同领域的了解，学会更好地享受生活。

不拘一行的交往小技巧

既然已明白广泛结交的重要性，那么具体如何顺利地广泛交往呢？**在这个过程中，交往的关键之匙就是前面提到的学习与交流。**

作为职场新人，虚心请教给人展示的是一种积极向上、勤奋认真的态度。公司的前辈们对于你提出的问题会进行悉心解释指导，这种几乎屡试不爽的交流方法，是职场新人的“特权”。如何做、为什么这样做、比别的做法更好的原因是什么……这些问题都可以向前辈请教、与同辈切磋。

与人交往不要担心对方会以为你是一个短见薄识的人，特别是跨行业领域、跨年龄层的结交，发问请教是最自然不过的事情。针对跨年龄层，再具体点又可参照前面小节的“四级”论。而对于跨行业领域，信息的分享、爱好的交流则是结交步骤的主体部分了。实时新闻、对行业带来影响的新政策，都可以成为交流分享的契机。再进一步，有了一定交往基础后，个人爱好的交流便可循序渐进地作为增进感情的谈资了。小洋对蔬菜的种植感兴趣，结交的对象里有建筑行业的从业者，那么对于蔬菜的室内种植，也可以成为彼此讨论的话题。在不拘一行的交流中，既可以了解到自己行业以外的知识，又可以从中找到共通点扩展视野，裨益多多，何乐而不为呢？

职场小路灯

● 人生需要不断与人分享，不断获得新的体验，才能与时俱进。跨行业、跨年龄段与人结交，将会拓展你的知识面，并为你提供更多看待问题的角度。我们一旦尝试着走出自己的小圈子，很可能会发现完全不一样的星空。

TOPIC

2–5

职场第一课·人际协调

予之有道，取之有节

● 乐意为大家所“利用”，绝不尽是吃亏。

QUESTION

我认为，朋友之间应该是平等互助的关系，如果只为了需要帮助而进行结交，恐怕这样的关系也不能够长久吧？

ANSWER

是这样，因此良好的人际协调能力还要求我们在“取”之前，要先“予”。只有互动互助的交往，才能有效促进良性而持久的人际关系的形成。

“给予”促进人际关系平衡发展

早在《道德经》中，便有了“将欲夺之，必固与之”这样朴素的道理。这也同样适用于人际交往，因为任何一种平等的关系都伴随着互相理解、彼此包容和各自付出。**简单地说，我们帮助别人做什么，别人才会从不同的途径反馈回来。这是人们心理上的一种自然反应，也是在长久的社会交往过程中形成的一种道德共识。**这不同于仅含有功利因素的利益交换，因为这些帮助更多地包含了大家彼此之间的信任、感同身受和祝福对方诸事顺遂的美好情感。

我们所说的“给予”也不一定是完全对等的付出。因为在交往中，每个人的社会地位、资源及个人能力均有差别，只要给予的实质价值存在，人情的往来就能渐渐成熟。例如小米作为蔬菜配送公司最年轻的客服职员，无论从社会经验还是资历、资源上都是较为缺乏的，但她可以从小事做起，哪怕是在雨天多备一把伞给同事，帮助年纪较大的前辈处理一下电脑问题，这样的小细节也能带给大家不错的印象，让别人感受到这是个有爱且善良的小姑娘，愿意与之真心相交。若她在今后的工作中遇到棘手的问题，大家就会更乐意给予帮助，这样的提携或教导也并不需要与小米的付出价值对等，更多是因为情感上的乐意而为。

以适度付出维护人际情感

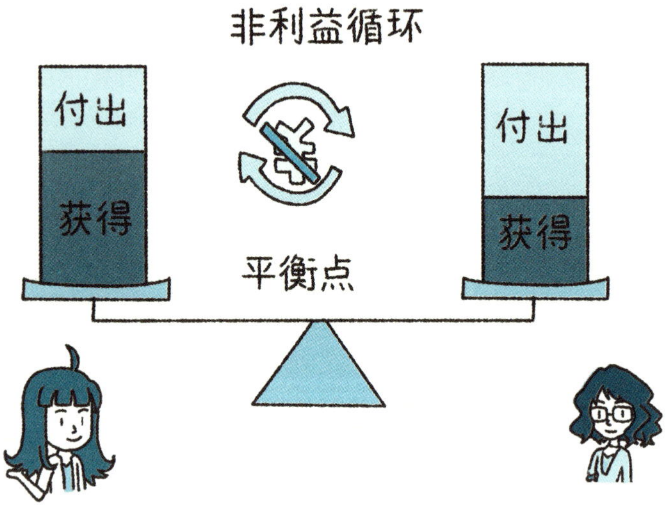

“给予”能深化技能，带来口碑效应

我们在付出的同时，会产生动力与压力，强化自己的各项技能。这是人际交往一个非常良性的效用，它能让我们蜕变。

这里的动力来自两个因素：**一方面与更优秀的**

人接触，会使我们产生一种希望自身能力与人际交往圈相匹配的渴求。我们会学习新的知识、锻炼各项技能、拓宽自己的视野，希望自己也成为别人心目中的“有效人际”，能够帮到他人，从而形成良好的口碑效应。

另一方面，我们会需要更好地了解和发现自己的强项，并通过努力来扩大和强化自己的优势。只有不断积极地经营自己擅长的领域，我们才能够回馈他人，并结交到更多的良友。

再以小米为例，小米是个细心的姑娘，文字功底也非常不错，一旦开会需要记录与搜集资料，或者哪个部门有非常紧急的项目需要撰写文案，大家都乐意找小米来帮忙。小米因此开始训练自己的速记和编写文献综述的能力，以便更好地发挥自己的优势，为他人提供帮助。而在这个与大家相处的过程中，小米一定会有很多需要学习的东西，为了听懂大家交谈的话题，跟上大家讨论问题的节奏，小米发现要开始阅读许多书籍、参加一些讲座和论坛、自学相关的专业知识，以便能更出色地完成下次大家交付的任务。在结交人际并赢取信任的同时，前辈也会经由口碑效应注意到新人小米的过人之处。

从付出到营造人际平台

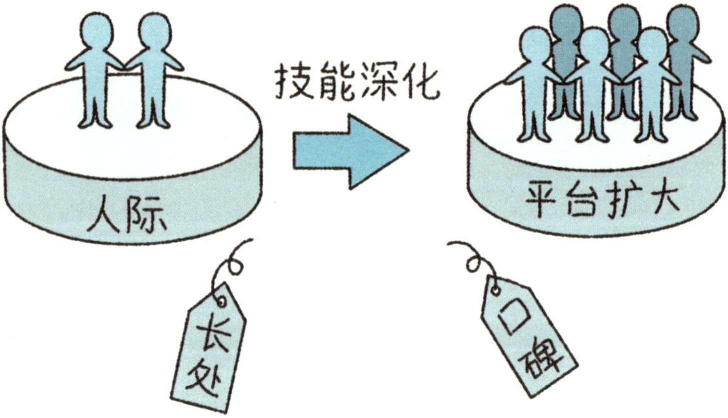

乐意为人所用，营造人际关系平台

许多年轻人刚进公司，常常会抱怨被安排的事务过多，其实换一个角度思考，能被领导及周围的人使唤也意味着因为自身能力突出、被周围的人需要，或者因为你做事更细致、认真，或者因为你专业更扎实、办事质量高，又或者因为你思维灵活、效率高，所以不要只看到“比他人辛苦”这一个层面。**在更广泛的人际交往中也是这个道理，我们因为自己的“长处标签”被大家认可，才会被求助或委以重任。我们如果能体会到这一层，则会乐意接受他人的嘱托，为人所用。**当付出得到相应的感激和回馈时，我们一定也会体会到精神上的愉悦和满足。比如小洋，进入公司才两个月，就已得到了公司老员工的一致好评，为什么呢？原来，许多年龄较大的员工不太会操作计算机，小洋总会被叫过去帮忙处理。一开始小洋心里疑惑，因为这不属于他的工作职责，有时还很耽误时间，但当他发现大家都因此对他赞赏有加，而且也经常在其他方面给予帮助时，就觉得这点小事也变得令他愉快起来，更愿意主动地帮助别人了。于是在为大家带来方便的同时，小洋也为自己营造了一个人际关系的平台。

所以让我们放下莫名的自尊心和小委屈吧，也千万不必显得卑微，因为主动热情不等同于一味迁就。渐渐地你会发现，这种“给予”会给你带来更有意义的自我认同感与自身价值感，让你乐于与他人交往，并由此收获更多人际关系伸出的橄榄枝。

职场小路灯

●利之于他，惠及于己，便是人际协调技能中不可或缺的要义。我们说把自己的一半时间用于他人，实际也是在帮助自己成长与成熟。这会让明天更优秀的我们感谢今天努力的自己、拼搏的自己和付出的自己。

TOPIC

2–6

职场第一课·人际协调

共鸣时可抒，锋芒适可掩

● 共鸣之利引琴响，锋芒之利阻人近。

QUESTION

在职场中，努力表现自己、言语观点别具一格，也能引起他人的注意吧！很多人都喜欢并向往成为有个性的人，不是吗？这样也许有助于人际交往呢！

ANSWER

等一下，有个性是一说，锋芒毕露是一说，不要混淆它们。在职场中，后者并不是时时可行的。简而言之，职场人际关系协调中，共鸣时可抒、锋芒适可掩。

表达同感，引起共鸣

当在与人交流的过程中谈论起某一事件或某一话题时，不论是说的人抑或是倾听的人，都希望得到对方的认可。在心理学中，对这种因在思想上、感情上相互感染而产生的情感，我们称之为“共鸣”。想象一下你和一个不太熟悉的人聊天，如果彼此无法赞同对方的话题观点，这样的对话是很难继续下去的。这也是我们常说的“话不投机半句多”。然而职场中我们会遇到各种各样性格的人，哪怕只是工作中三言两语的简短交谈，如果存在交谈的阻力就会影响工作的展开。而拉近人际关系最快的方法便是表达同感，引起对方的共鸣。很多时候，就像我们日常的寒暄里，“今天天气真好啊”“是啊，很适合出行呢”这样的对话，已经是在为彼此的交流打基础。

再来看职场中，比如小米叹气道：“市场数据分析表单制作起来好难啊！”一旁的小洋接话道：“是啊，稍不留神的话各种增长率就会算错呢。”此时便在无形中奠定了交流的基本情感。“如果运用这种方法也许会简单点……”当小洋再提出自己的看法时，小米自然会认真倾听。

在交流的过程中，如果彼此对事物的看法和理解基本一致，很容易引起大家的共鸣，因而会忍不住侃侃而谈。**表达同感并非是要求你强行掩饰自己的想法去与人交流，它所诠释的是首先设身处地地接过对方的话题，然后表达出自己的想法。**这样的好处是，对

共鸣与锋芒

方愿意与你交流下去；即使彼此的想法在随后的交流中依然相左，也不至于翻脸，而是能本着解决问题的态度商谈。

锋芒之利，适当遮掩

让我们依然引用前例。在小米叹气表达数据分析表单制作的难度后，这时小洋得意地说："这都不会做吗？简直是小菜一碟。"如果小米有着谦虚和良好的心态，或者两人关系非常好，小米也许不会介意。相反，若是小米因为这句话认为小洋是在炫耀他的聪明或是在嘲笑小米愚笨，那么他们之间的感情就会产生嫌隙，对此次的交谈以及以后的人际交往都会有影响。

"锋芒"一词，本身可褒可贬，**表露自身的才华与特点本是无可厚非的事情，但若过于展现锋芒之利而不注重表达技巧，便不太利于在大环境中的人际交往了。**当今职场中，来自五湖四海的年轻人各有性格，如果不适当遮掩自己的锋芒之利，满身是刺的你会很难与周围的人顺利结交。也许会有职位高的前辈欣赏你的聪明，但没有群众基础的你会难以前行更远。

而抒发共感中的小洋在肯定了小米的难处后给出了解决方案，在某种程度上可以说是以退为进，在人际交往的正常情况下小米还会心存感激。好表现自己的才干并没有错，适当适时地展露才会有助于扩大你的人际网。

职场小路灯

●表达同感引起共鸣，可以说是进行深入的人际交往时一种柔和的武器。而在职场中，锋芒这把双刃剑，使用不当伤到的最终还是自己。

打开交际之门，走出自我地带

如何结交职场陌生人

掌握方法，一步步接近你的“意中人”！

人际协调入门阶段的小目标，就是要求大家掌握一项最基础的技能——结交职场陌生人的方法。学会并熟练运用它，才算是掌握了如何扩大人际圈的入门攻略。那么让我们一起来回顾一下要点吧。

列出憧憬名单

首先，我们要学会如何确定希望结交的人。**在不同的阶段我们会有不同的选择标准和人选。一开始可以根据我们划分的交往对象的四个级别，将希望结交的人对号入座。**列一张憧憬名单，比如想向哪一方面的人才学习并与之交往，目前能接触到哪一阶段的前辈……诸如此类。以小洋为例。入职的第一周在公司开展的内部培训上听到了资深员工的讲座，他觉得非常有启发，于是希望能结交这些前辈请教问题。那么他就应该思考一下：这个阶段请教什么样的前辈最不突兀，对自己急需的知识和经验又会有所帮助呢？**列出希望发展为人际关系资源的名单，也就有了结交陌生人的初步目标。**

交往前适当了解

确定了人选之后，我们可以进行相应的事前调查。**毕竟是未接触过的人，简单的了解能帮助我们进一步核实人选的适合性，并且避开不恰当的言行。**调查的范围建议包括他的履历、工作内容以及处事原则和习惯等。

在上例中，假设小洋希望学习的是会计方面的专业知识，就可以在这些开讲座的前辈中选择一位财务部门的员工，事先了解他毕业的学校、专业、工作经历等。这除了有助于小洋确定人选是否恰当，还可以为在彼此刚接触时寻求到共同话题提供线索，说不准前辈是小洋的老乡或者学长，或者大家都有共同认识的朋友；工作职责方面，如果前辈的岗位是专职会计就非常完美了，这样便于小洋直接获取与会计相关的

职场人际关系建立的具体步骤

知识；而对处事方针方面的了解，能使小洋在与对方交往的初期有效避免踩到雷区。**对交往前的调查不必太过深究，它的作用在于当你进行陌生的人际交往时，为你铺上易于行走的砖石，使你不至于举步艰难。**

交往进阶之间有缓冲

由于是完全陌生的人，为避免直接的电话或面对面交流过于生硬和唐突，我们建议提前用邮件或短信等文字方式，以间接沟通作为开端。如果有引荐人，当然直接见面也是可行的。**不过无论如何，事先间接约定通话或见面时间，这样的缓冲都会给人留下礼貌的好印象。**

比如在通过前期的适当调查了解后，小洋可以尝试着开始与前辈进行接触了。那么初次联系，最稳妥的方式是先拿到前辈的邮箱地址或者电话号码，通过邮件或私信，以文字形式进行简单的自我介绍并说明来意，再提出是否能够直接通话或者见面的询问。这样一来，两者关系向下一阶段行进的概率会大大增加。

交往前期预热

如果对方不拒绝且回应了你的邮件或短信，便可进入交往的前期预热阶段了。**不过于频繁，也不太显生疏，拿捏好尺度与对方继续保持邮件或短信联系。**这段前期预热能帮助你逐渐在对方的脑海中形成人际印象。此时可将上面介绍过的交往前的调查内容派上用场，一边通过共同话题与对方拉近关系，一边寻找电话访问的机会。前期预热后再打电话，可以使直接通话更加顺畅。

把握打电话的时机也非常重要。一般来说，工作时间进行电话咨询应事先询问对方是否方便接电话，因为会议或者会谈时接到电话都会令人产生不愉快和不愿交谈的情绪。而休息时间则应尽量避免用餐时间和正常睡眠时间。

以上的几个步骤是一套主要针对职场情况的全攻略，但并非被框定的。根据实际情况灵活运用各点，相信也一定能对人际交往起到润滑作用。因此，勇敢地去结交陌生人吧。当有一天我们发现，一路上的各种交际障碍都变得微不足道了，那说明我们已经渐渐强大。

PRACTICE STARTS

课后作业

基本

扩大人际圈可以获得经验、拓展视野，何乐而不为？不要被自己的舒适区局限，积极回应正常的人际交往。

活用

职场中若想向哪位高手学习，试试灵活运用本攻略和他“搭讪”吧！

READY？ GO！

兔子不吃窝边草？不不不，此“兔”非彼兔。人际协调技能教你组建属于自己的人际关系资源网，即刻从身边拉开序幕！

组建你的人际关系资源网

第3章

如何挖掘和善用既有的人际资源

TOPIC

3-1

职场第一课·人际协调

盘点身边的宝贵资源

● 不要让你的人际关系躺着睡大觉！

QUESTION

都说在学校是两点一线的生活，我进入职场以后，也是公司与宿舍的两点一线，交往圈太窄该怎么发展人际关系呢？

ANSWER

人际交往范围宽阔的人当然会有天然的优势，但也不要因此气馁，好好清理一下你已有的人际圈，千万不要让资源一直陷入沉睡。

我们是不是错过了什么

经常听到有人抱怨生活圈子太小，无法拥有广泛的人际资源。但不知道大家注意观察没有，也许那个曾经一起爬墙摸鱼没啥正经的发小，现在已经是名牌学校毕业、就职于知名律师事务所的执业律师了；只在逢年过节一桌吃饭的表哥，可能对销售行业的发展有独到见解，已经在相关报刊上发表了几篇精彩的文章；而以前初中班上最不善言辞的木讷姑娘，现在或许已成长为商场上的谈判高手。

我们常常会因为习惯了与身边亲人朋友的相处模式而忘记了他们也是自己社会关系的重要组成部分；只记得他们是隔壁小王、姨妈的儿子和绰号叫“小娇羞”的初中同学，而轻易地忽略了他们各自的职业、专业技能及社会地位。**这些被我们错过的关键信息其实就是组成我们有效人际关系的线索。**而从实际调查情况来看，生活中有90%以上的人都犯了这个错误，不信的话我们可以现在就做一个测验。大家都问问自己，给自己打个分，是否对身边的亲人或朋友有了解？是否关心过他们的专长和职业领域？

给自己的人际圈做一次大排查

如果对上面问题的答案都是否定的，那么我们是时候给自己的人际圈做一个透彻的大排查啦！这个工作量非一朝一夕能够完成，它需要平日里漫长的观察与积累辅助。**这要求我们形成一种思维习惯，在与人交往的过程中要更加用心交流并及时更新信息。**

身边人际资源大盘点

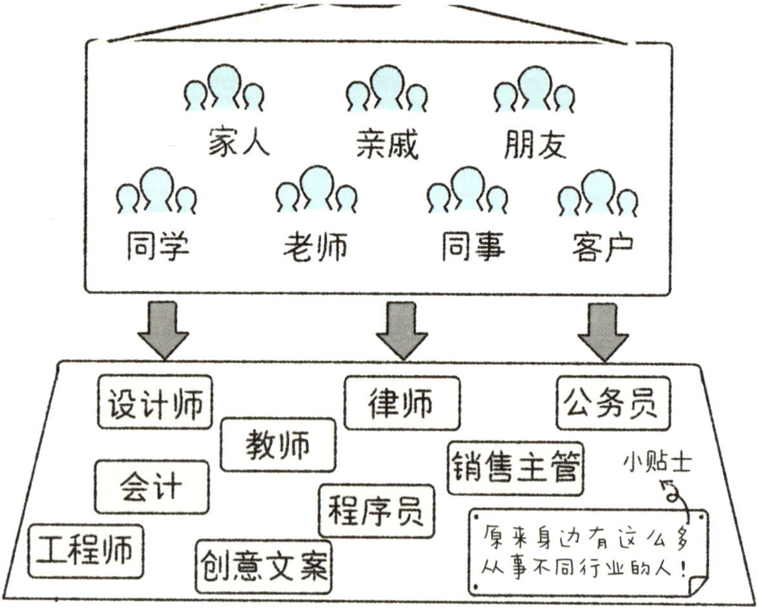

我们可以采取间接打听的排查方式，如通过向共同的亲人或朋友询问、搜集资料；也可以用直接交流的方式来进行，比如通过参加集体活动时闲聊，或者单独约出来见面、吃饭等。我们也不必有心理负担，觉得到生活中还要继续工作，因为交友本来也是生活的一部分，它能充实我们的生活与阅历；加深对亲友的了解也是一种对他人的尊重，还能增进彼此的感情，使自己已有的后盾更为坚实。

让身边的资源沉睡其本质就是一种无形的浪费。我们舍近求远，白白损失时间与精力，而最需要的人说不定就在我们身边。

职场小路灯

● 行动起来吧！认真审视一下周围人的职业、身份及专长，在自己的脑子里列一个简单的人际关系清单，以便在遇到障碍时能够及时提取和进行信息筛选。这些小小的举动或许就是我们打开下一个项目最关键的钥匙！

TOPIC

3–2

职场第一课·人际协调

人际协调之唤醒技

● 从身边开始全面唤醒隐藏的人际资源吧！

QUESTION

要进行人际关系的盘点真有种千头万绪的感觉，我们需要对认识的所有人都进行重新了解吗？不知该从何入手呢？

ANSWER

那样的话工作量确实太大了。为了以有限的精力更有效率地挖掘出身边的沉睡人际关系，我们建议从亲戚、同学、同行三个主要的方面来进行盘点。

隐藏的人际资源之家人篇

我们大多数人来自普通的家庭，需要自己打拼成长，因此更习惯只给家人贴上单纯的亲情标签。我们眼里的“姨妈”大方、时尚，应酬非常多，却没有意识到这是因为她是零售行业的优秀主管；从小一起玩耍打闹的“讨厌”的堂弟，每天就知道抱着电脑不放手，原来他是熟练使用新媒体的创意人才；退休以后只爱给我们做好吃的的外婆，每年都有叔叔阿姨来拜访她，原来都是她以前教过的学生，现在成为各行各业的精英人才。很多时候，兄弟、父母乃至祖父母说

从家人开始的人际资源整理

不定有很不错的人际关系，**如果我们能很好地通过这些媒介来接触对我们有益的人，基于彼此这种对熟人的信任关系，我们几乎可以没有太多阻力就实现我们的目标。**

因此盘点人际关系可以先从最近的家人开始。为了简单易记，我们建议可以简单地制作家族内的人际关系网络图，说不定某个重要客户的部门总管就沉睡其中呢！何况即使许多行业和领域我们现在并未涉足，但通过与亲戚的交谈和了解，我们也能开阔视野，为将来某一刻的机会做好准备。

隐藏的人际资源之同窗友人篇

工作以后，我们常会感叹，学生时代结交的朋友，往往是我们一生中最暖心的朋友。**因为学生时代的交往通常都比工作后的人际关系更为单纯，而这样的关系其实也蕴含了人际资源的种子。**中学时代的同学已分布于各行各业，大学时代的上下铺纵横驰骋于相关专业领域……大家基于旧时的感情和对彼此的信任，也会更愿意分享有用的信息和资源。

学生时代的同窗已经是人际资源

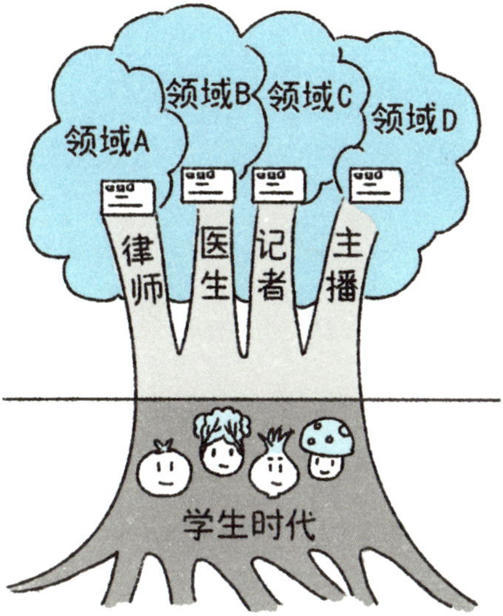

而且，对于社交能力较为薄弱的职场新人来说，可以把与当年的同学建立人际关系看作一种较为简单的人际协调技能的练习，一种无须从零开始的人际关系资源的培养。在这种情况下更容易放松自己，这样难得的体验也可以算作人际交往的模拟呢。

隐藏的人际资源之同门篇

我们说的同门，会因人而异。有几种不同的情形：第一种是大学时代的同门，也就是我们常说的同院或同系的不同年级的校友，由于专业相同，日后也会进入同一行业，无论是前辈还是后辈，都是难得的人际关系资源；第二种是不同专业出身但都进入了相关业界的同行们，以前彼此之间或者是校友，或者是经由同门或导师介绍认识的前后辈。无论是以上哪种情形，都属于在我们出社会之前就提前播种的人际关系，我们应当好好珍惜。

学生时代，我们与同窗、同门之间的人际关系基于学习与爱好；大家持有一致的奋斗目标与酸甜苦辣的共同记忆。**这样的关系带着深厚的渊源和基础，此后我们互相接触起来也会更加自然和亲切。**并且学生时代的每个人都蕴藏着各种各样的发展可能性，值得我们好好维系彼此的关系。

唤醒身边人际资源的交往小技巧

既然已经定位了身边隐藏的人际资源，那么具体有哪些交往小技巧可以唤醒这些沉睡的人际关系资源？**既然是有基础存在，我们不妨考虑再次从基础出发——叙旧。**

叙旧是基于有关彼此之间往事的一种交流模式。有过交集的两个人多多少少是能够找到一些共通点的。**通过共通点慢慢衍生感情，通常比发展一段空如白纸的关系要容易。**比如家人方面，可通过电话或走亲访友的家庭活动，以讨论以往的成长经历或询问共同的亲友近况开始；对老同学，则可借回忆当年的点滴同窗生活加深感情；同门的情况可从感慨校园的物与人开始交流……

这种交往技巧对于性格开朗的小洋来说不算太难："四哥，好久不见！舅父舅母还好吗？代我向他们问好！……最新的泰坦游戏你玩了吗，有时间我去拜访你怎么样，有不少电脑方面的问题也想请教你！”“大南，你还记得社会学那门辅修课的老师吗？超级严格的那位……哈哈是的呢，哪天有空出来吃个饭吧！”闲聊之中拉近彼此关系。而对于性格内向的小米，可以采用含蓄一点的方法，比如朋友圈里时不时给对方一个赞，评论一下；给久未联系的老同学发一封叙旧的邮件等。**无论是哪种情况，需要注意的是，对于此前有交往基础但中断过联络的人，最好循序渐进加深关系，操之过急往往欲速则不达。**

当然，我们也不要忘了，无论哪种人际关系，我们在获得了对方的馈赠之后，都要以礼回馈。即便是非常亲的家人，在得到帮助后也一定要记得特意表示感谢。前辈的话可以送点小物品表感谢，若是后辈则可以请他吃饭，以增进大家的感情。千万不要因为觉得麻烦就把他人的付出看作理所当然。否则即使是家人，自己的所作所为也会给长辈们留下“这孩子真不懂事”的不良印象，严重的话还可能引发不必要的矛盾。

职场小路灯

●一旦我们完成了对自己身边的人际关系资源的盘点和整理，就会惊讶地发现，原来世界这么小，人与人总有千丝万缕的联系，而自己这样富足，因为情谊本来就是精神上的宝贵财富。

TOPIC

3-3

职场第一课·人际协调

人际协调之判别对待技

● 缓急合理调配，确定原则舒心交往。

QUESTION

我真的很佩服那些交际圈广的人，他们每天与不同社会群体的人打交道，究竟是如何做到游刃有余的呢？

ANSWER

人际协调技能本来就是一门学问。我们常说的为人处世的道理，重点就是研究如何与人相处。在拥有了一定的人际关系资源后，如何才能妥善地管理和维护，这需要我们掌握合理的方法和策略。

当我们通过多种途径终于建立起了自己的交际圈，是不是就意味着我们可以高枕无忧地享受他人带给我们的丰富资源了呢？如前文所述，我们论及的人际协调技能乃至人际关系资源，均在提升职业技能的背景之下，最终目的都是为了提高个人的职场作战能力。因此只有确保我们的人际资源库稳定而健康地成长、成熟，才能实现其为我们所用、助力我们提升个人成长经验值、走向更高平台的目标。

有鉴于此，我们应当确定并遵守自己的待人原则，让自己和对方都觉得交往舒心。在制定原则的时候，首先应当注意对效益优先的考量，即当不同的关系发生冲突的时候，我们一般以重要性、急迫性及难易度来判断哪个优先，而我们遵循的一般有三个原则：就重原则、就急原则、就难原则。

就重原则

这是指在冲突的关系中判断出更为重要的一方，并以其优先的原则。我们在生活中常常会遇到这样的情况，比如跟女朋友约会的当天，一向忙碌的大客户忽然来联络。此时，比起可以道歉弥补、经常加温的私人关系，鲜少能抽空的大客户可能更为重要。好好跟女朋友解释清楚情况，相信也能够得到理解。反之若因为私事失去大客户的话，非常可能轻则失去一单洽谈中的业务，重则错失一个开拓业务领域的重要机会或途径。

就急原则

即判断出在时间上更为紧迫的关系，并以其优先的原则。例如领导安排下来要求你明天出差参加一个重要的业务洽谈会议，非常可能无法赶在周末回家了，与此同时，表哥计划周末从老家来探望你，虽然是很久不见的亲人，但工作上的会议不可能因为你的私事而推迟或者取消，并且业务的洽谈可能会对公司的业绩产生重大的影响，因此不得不请表哥等待或者下一次再见了。

就难原则

这个原则是说在不同的人际关系中，有一些更难得到交往的机会，这样的约见机会无论如何都要被优先对待。比如为了竞聘一个去海外工作的机会，与上司约在下班后进行沟通，希望借此得到他的支持和推荐。而此时平日关系挺好的几个同事邀请你当晚参加聚会，虽然同事聚会不是天天都有，而且大家在一起还能增进感情，但从难度来说，能与上司约到交流的机会无疑难度更大，也许失去这次机会，会让这次竞聘获胜的概率降低许多。

理智判断、合理对待“三原则”

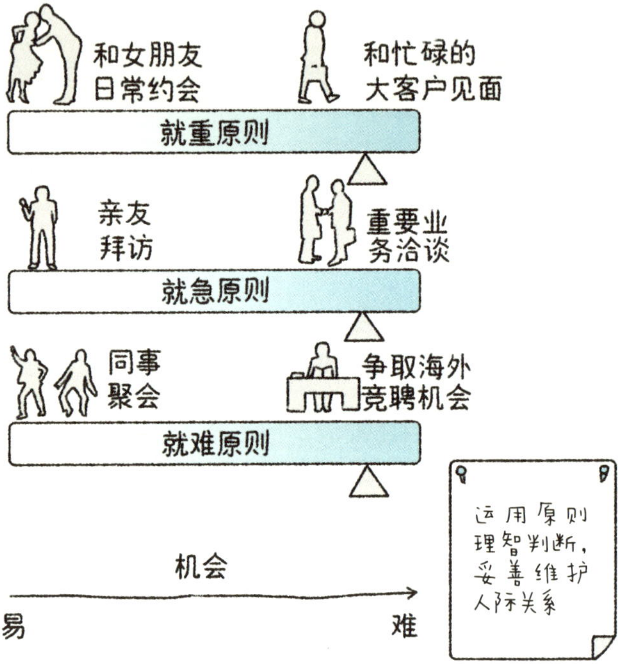

职场小路灯

● 此外，在以效益优先为基本思路的前提下，我们还应兼顾人际关系的亲疏远近，切勿顾此失彼，让一部分亲友感觉到明显的亲疏导致隔阂的产生；也不能只看眼前的利益，让他人觉得你过分势利导致关系渐渐疏远。

TOPIC
3—4
职场第一课·
人际协调

人际协调之自我标签技

● 拥有自己的闪亮名片，让他人主动被你吸引。

QUESTION

我发现完全靠自己的力量来打造人际圈，速度太慢了，有什么方法能让我们迅速扩充自己的圈子吗？

ANSWER

人际关系的建立本来就是一个需要精耕细作的漫长过程，我们没有捷径一步到位。但如果注重突出我们自己的个人特点、争取给他人留下深刻印象，将十分有助于我们拓宽自己的交往圈。这也是人际协调力的边锋技能！

挖掘自身潜力，成为“容易被介绍”的人

我们寻求人际关系的积累，从建立到运用，几乎都离不开介绍与被介绍。不管是什么样的场合，介

绍时都需要给予相应的描述，例如小洋第一天到蔬菜配送公司上班，人力资源部的领导一定是这样给大家介绍的，“这是新来的市场部员工小洋，今年刚从名牌大学毕业，是个有干劲的小伙……”此时同事们对小洋的印象就产生了这样几个关键词：“年轻人”“学习好”“有干劲”。人力资源部对新员工的了解一般来自其求职简历中的描述，而这就取决于，**你是否已充分认识和了解自己，并把这些特征以恰当的方式传达**

挖掘自身优点使自己易于“被介绍”

给了他人。试想如果连你自己都不能给自己恰当的定位，或者不知如何向他人进行自我介绍，那中间人又如何把你介绍给其他人？

每个人都会有独特的优势和擅长的领域，对自己的挖掘通常要围绕自己的优点，尤其是其中对他人有利的特点。比如我们在应聘时，可以特别强调的特点有：对IT（信息技术）很擅长，工作细致认真，看问题深入、富有创造力；被介绍女朋友时，我们可以自我介绍：为人诚恳、性格温和、说话幽默等。**这些容易让对方留下印象的自我设定非常重要，它至少奠定了我们在他人心中的第一印象，而初次的印象常常是根深蒂固的。**

树立个人标签，成为“容易被想起”的人

寻找到自我定位以后，就可以挑选出一些特别之处作为个人“名片”了。可以假想我们现在是“职场”这一宏大游戏中的一名玩家，当我们有了自己的

耀眼身份以后，还有机会给自己安置一个“个人标签”。**“个人标签”让我们成为拥有独特名号的“侠士”，而不是淹没在人群中的“某人”。**例如小米，在大学时代就在图书馆帮忙整理各类书籍，因此在搜集资料、整理档案方面有一套高效的方法，那么她就可以给自己设置“信息搜集达人”这样的标签。当人们需要资料整理及搜集时就会很自然地想到找小米帮忙；也会在别的同事遇到相关需求，或在某项目中需要相关人才时推荐小米，于是同时为小米建立了口碑效应。如此，**依靠个人标签我们就能最大限度地发散自己的人际辐射网络，比起光靠自己微小的力量一点一点寻求新的人际关系，效率和效果都能倍增。**

职场小路灯

●当我们顺利找到自己的发光点，并将其发扬光大后，我们就像给自己贴上了闪光的标签。这种无形的名片是无论我们散发多少最终被压到办公桌底部的纸质名片都无法比拟的，它让我们逐渐成为每支作战队伍都希望获取的伙伴。

打开交际之门，走出自我地带

人际协调之搜索技

挖掘人际交往资源之战略“侦察”！

●如果以我们最亲近的关系为起点来画出我们的人际交往圈，那么应该是一个呈现点状无限扩散的网。用发散性的思维来进行人际交往对象的搜寻，就是我们需要掌握的人际协调技能搜索技的精髓！

找到合适的起点

通常来说，我们搜寻自己可能的人际关系线索，一般以自己为中心。例如父母、兄弟姐妹等亲人为一条轴线，老师、同学、师兄、校友等学习上的交往对象为另一个方向的轴线，领导、同事、客户等工作方面的人际关系为第三条轴线，夫妻、恋人、朋友等情感交往对象为第四条轴线……如此发散开来你会发现自己已经有了一张初具规模的网状图形。

当然我们也可以让出发点的单位更大一些，例如以我们的家庭为一点出发，那么发散的轴线条会更粗一些，线段上的点也会更大，需要进一步地细分：一条是父母及其他亲人，一条为我们家庭的朋友家庭人员，一条为共同熟识的工作伙伴……这样思维宏观性会更强，但是也容易错过一些具体的人际细节。

找到合适起点扩展人际网络

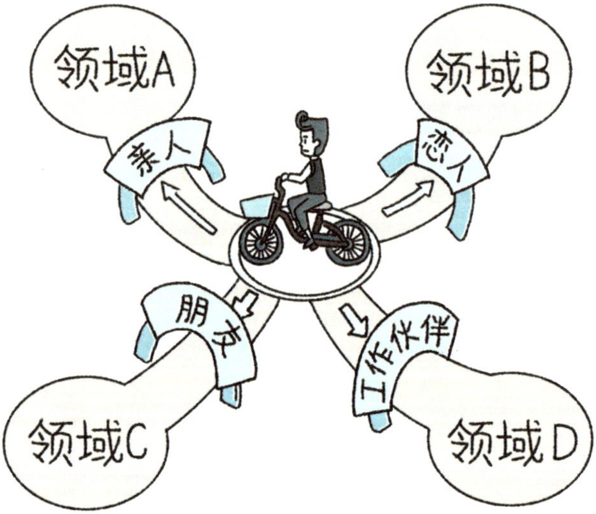

从每个点出发去观察可能性

假设以我们自己为中心来进行地毯式搜寻，那么以亲戚为轴线接下去的第二个点，将扩展出亲戚的亲人、朋友、熟人、职场同事及客户、俱乐部的会员、学生时代的朋友、邻居街坊等轴线，如此往复，从视觉上观察将会是一张无限扩散的大网。

我们以小洋为例，小洋的妈妈以及小洋的同学、朋友多从事销售领域的工作，爸爸长期任职于医学行业，虽然小洋的人际圈看似局限在销售与医学领域，但妈妈的朋友、客户、同学一定会有各行各业的人士；爸爸医治过的患者、同事的伴侣也一定有不同的擅长领域。从这样的角度来观察就会发现，自己能够把握和利用的人际关系并没有被截断，仍然在广泛扩展着。

列出符合你目的的人际关系列表

当我们对自己的人际圈有了大概的认知后，就可

列表找出目标对象

目标对象	领域	地域
A 大学老师推荐的教授	市场理论	本地 ✓
B 妈妈在高校的同学	市场理论	外地
C 硕士同学推荐的导师	市场应用 ✓	本地 ✓ 最好

以针对具体的问题列出符合我们交往目的的对象了。

通常与我们需要办理的某个事项相关的因素会有许多，比如小洋要申请念在职硕士，他可能会想到大学老师是否有相熟的教授推荐，妈妈在高校的同学是否能直接成为自己的硕导，仍在读硕士的同学有没有合适的导师介绍等。当列出来这一长串的单子之后，小洋可再据此进行相应的分类，例如从地域来考虑，妈妈的同学和本科的老师都在外地的学校，而小洋为了同时好好工作希望找本地的高校；从专业来说，小洋希望攻读偏向市场应用一些的专业，妈妈的同学从事的理论性太强的方向对小洋来说实际意义不大……当按地域、业界、目的等因素进行考量之后，基本就能确定好需要联系的对象了。

现代社会的效率原则教我们要充分利用所有资源。人际关系无疑是一种非常重要又容易被我们忽视的无形资源。因此我们应当熟练掌握搜索术，精准定位并最大限度地搜集到可用的人际资源，使之为我们所用，发挥其实现效率最大化的真正价值。

PRACTICE STARTS
课后作业

基本 美国社会心理学家斯坦利·米尔格拉姆曾提出六度分隔理论——通过六个人你就能认识任何一个陌生人。意识到自己身边蕴藏着无限可能性吧！

活用 试着将身边的人际资源由近至远地罗列出来，好好运用身边的宝贵资源吧！

有苗不愁长，关键在培育?!

职场也是一个为自己奋斗的战场，良好的人际网就像信息与资源的补给队伍。在日常生活中妥善运用人际协调技能，让人际资源的小苗茁壮成长起来吧！

组建你的人际关系资源网

第4章

如何维护日常的人际关系

TOPIC

4–1

职场第一课·人际协调

公司内人际关系是开拓职场的第一关

● 职场新人，勇敢地认识新同事吧！

QUESTION

我注意到很多年轻新职员，刚进入公司时从来不主动和人打招呼。也许他们和我一样性格内向、害羞。这样的性格该如何开拓和维护职场人际关系呢？

ANSWER

从职场人际的角度出发，首先我们应当明白，公司同事是我们职场人际关系资源开拓的第一步。理解了这一步的重要性，才能更积极地去行动。

结交同事营造良好工作氛围

在我们的职业生涯里，同事是数量最为庞大的群体。从广义的概念来理解，甚至可以说同事参与了我们在公司内部接触的所有社会关系，因此，与他们的交往就决定了我们每天身处的工作氛围。

现代企业日益加大对员工的人文关怀，倡导“紧张、严肃、活泼、温馨”的工作氛围，也是考虑到，和谐的人际氛围和工作环境才能激发员工的工作激情与灵感。小米与小洋在入职初期，可能都怀揣着一份初来乍到的忐忑，此时如果能通过大胆结交同事融入这个氛围良好的工作团队里，在接触不熟悉的工作任务时，有机会得到前辈的引导；发生失误时，能得到同事的谅解；迷茫时有人指点，沮丧时有人安慰。在这种情况下，作为新人的那种不安与隔阂很快就会消散，也能快速适应新的工作环境，专注工作、愉快生活。

因此，我们把结交公司同事作为开拓职场人际关系的第一步。**为工作营造一个轻松的氛围，不但能使工作更加高效顺畅地完成，也能让自己满怀好心情投入工作中。**具体又表现在以下几个方面。

结交同事优化团队协作能力

我们都身处构成公司的某个小单元里，也许是小米所在的客服部，也许是小洋加入的市场开发小组，每个单元都需要职责分工和团队协作，而团队协作总是伴随着变数的，这就意味着我们仅仅把最初被安排的分内事做好是不够的，还必须考虑到在工作进展中发生的各种意外。只有在与队友们一次次协调、共同

主动结交同事的必要性

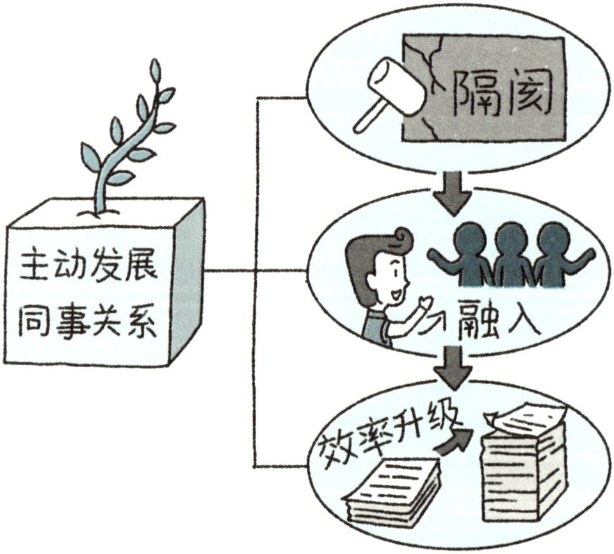

应对和修正之后，才有可能得到满意的结果。

而一个团队的共同合力是否强大、工作是否有效，基础的要件便是队员们之间的默契度，一支充满矛盾的团队是无法发挥最优力量的。就像一支球队，队员们各个优秀，但彼此缺失默契，甚至不合，互不传球，不打配合，那么个人球技再精湛也无法取得好成绩。因此，**保持与队友良好的关系更有利于工作的协调安排，同时能确保团队协作最大化**。作为职场新人，应当努力向团队推介自己，以便及早适应职场团队工作的步调。

结交同事提升效率节约成本

现代社会崇尚高度分工的生产方式，因此，产品越多样化、规模越大型的企业分工协作也越复杂，这直接导致了企业内部沟通成本的增加。**大胆结交同事，哪怕见面一声招呼，也能为往后的工作减少由生到熟的沟通成本**。以蔬菜配送公司为例，小洋如果想顺利执行一个营销方案，不但需要市场部的支持，还离不开财务部的预算支撑、客服部的人员协助、企宣部的推广运营……任何一个环节的阻塞都将影响方案的运行进度，如果小洋能够在每个部门都有说得上话的同事，事情就会顺畅多了。相反，如果作为职场新人的小洋对同事不理不睬，那么他又如何能被他人迅速接受从而提升工作效率呢?

结交同事也可有捷径

前面提到的见面打一声招呼，其实是结交同事的重要捷径之一。很多人不在乎这一声招呼，觉得没有必要又尴尬，或心情不好不想说话。但不要小看这一声招呼，它能给人带来的好感绝对是超值的。无论是早上来到办公室的一声“早”，还是在公司遇到其他部门同事时的点头微笑，这个举动便有力地提升了你给他人的积极印象。即使你是名默默无闻的职场新兵，每次见面坚持打一声招呼，久而久之，在无形中也能加深他人对你的印象。

除此之外，在与同事的沟通之中，适当的赞美与鼓励也是拉近距离的好方法。赞美与鼓励绝非是要讨好对方，而是通过肯定对方，给对方留下正面的印象与好感。比如当小洋去见大客户前，小米的一句“加油！”；小洋好不容易攻克一个业务上的难题时，小米由衷地赞叹道：“太棒了！”这样真诚的表达，虽然简短，但相比事不关己高高挂起的冷漠表现和充满华丽辞藻的虚情假意，更能让同事感到温暖并顿生好感。那么当小米在工作上遇到阻力时，小洋也会关心甚至帮忙。

除了这两种最基本、快捷的方法外，结交同事的捷径还有比如我们前面提到过的：以轻松的时刻为切入点融入交际圈，予之有道取之有节，与人方便自己方便，等等。**找到最适合自己的途径之前，不妨从基本的日常交流开始，加深自己给他人的印象，这对于快速结交同事一定会有帮助。**

职场小路灯

●所以看似无关紧要的日常交流，其实奠定了职场沟通的情感。形成默契、友好的伙伴关系无疑是提升工作效率的捷径之一。越是职场新人越应当努力走出去，给人一个笑脸、一声问候，以结交同事作为开展职场人际交往的开端吧！

TOPIC

4–2

职场第一课·人际协调

公司内人际关系的交往重点在哪里

● 茫茫职场人际，画出重点才不会迷惘。

QUESTION

说到公司内的人际关系，规模较小的公司还好，如果是大公司，部门与职员众多，我们是不是必须都要去尝试交往呢？

ANSWER

人际关系虽然很重要，但并非所有人都热心于人际关系的建立。能力强的人一般来说在人际关系方面都经营得非常妥帖，这个基础在于至少要把控好与以下两类人的交往：公司内具备影响力的人物以及核心人物。

看清公司内有影响力的人

我们所定义的“有影响力的人”，不是狭义的最高级别的领导者，而是在一个组织中具有话语权、有

重大影响力的那类人。一方面，他们可能是技术领域的专家，根据公司制度他们的职级不像行政级别那样叫出来就上下分明，例如在建筑公司里，许多技术骨干的名片只是标有“工程师”的职称头衔，但他们的每一个建议、每一句话都影响着整个工程的进展；另一方面，很多时候他可能就是在会议中做总结的那个人，又或者是第一个发言的人，在项目中发挥着主导作用。当我们需要沟通项目的重要事项，相较于迂回曲折地找领导，还不如与这样实质做决定的人建立联系更有效。**通过与有决定权的人建立有效的人际关系，我们会发现他们往往掌握着更多信息、更多资源，更加匹配我们的实际需求。**

公司内的核心人物是关键

这里的核心人物也不一定是有头衔的人。他们可能是经验丰富、德高望重的公司元老，但他们本着提携新人的精神，让位于年轻的领导者，无意担任公司

找到关键人物

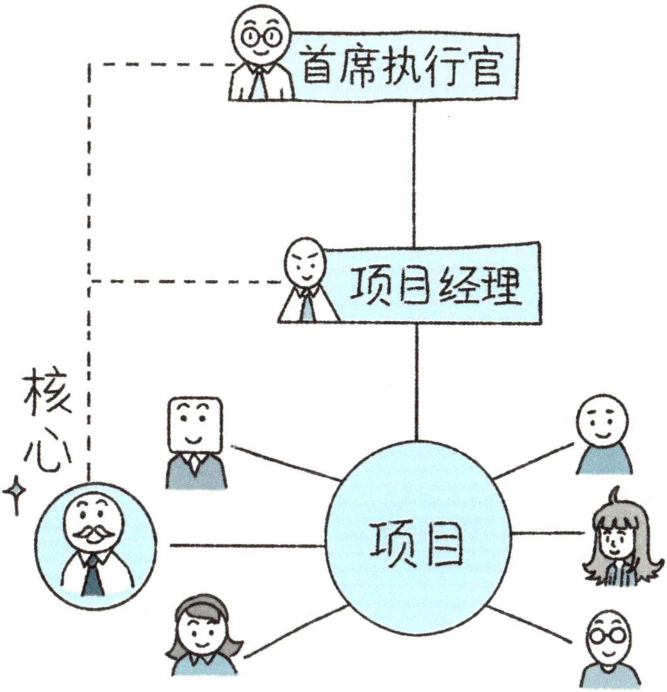

行政上的领导职务。但公司上下，甚至公司最早的发起人，都会对他们礼敬三分。

这样的人往往是整个项目、团队的核心人物。与他们进行交往、形成人际关系，甚至可以在某种程度上影响和改变公司最高层的决定。当然，要做到这一点也需要相应的观察力和对话力。**这就要求我们不但**

需要认真研究公司内部的权力关系，将其地图化，发现形式上的权力中心，还要从周围人的交谈与各种工作细节中，找到对公司整体工作部署有决定性影响的实质核心人物。再通过我们的努力与他们结交，一步步建立与他们的交往。

职场小路灯

●领导高层对于职场新人来说，目标太高，我们容易因此陷入确定目标的迷茫。而对核心和关键人物的强调，能让我们精准且有效率把握需要结交的对象，充分实现人际资源的最优化。

TOPIC 4–3

职场第一课·人际协调

公司内人际关系的交往小贴士

● 在沟通中深化，在交往中升华。

QUESTION

我们与重要、核心人物交往时需要注意些什么？方法与和一般同事的交往有差别吗？

ANSWER

总体而言，所有的人际交往都是一个较为漫长的积累过程。在与职场核心人物建立人际关系时，我们更需要注意方法与节奏，否则容易适得其反。当然，也不能忽视与一般同事的交往。

与核心人物的交往要坚持不懈、诚恳谦虚

如前文所述，建立公司人际交往圈的首要对象是公司内的核心人物，那么我们作为初入职场的后辈，

应该如何建立与他们的联系并获得继续交往的机会呢？**与他们接近最好的办法就是频繁地向他们报告工作以及沟通联络。**一回、两回通常没有什么作用，而且还可能因为我们人微言轻被无视或拒绝。许多职场新人可能因此感到了沮丧和怀疑，但一定要坚持住。经过三到五回，乃至更多次数的汇报工作、沟通问题，我们的才能和热忱总有一天会渐渐感染对方，双方的关系才会越来越紧密。

与核心人物的交往要点

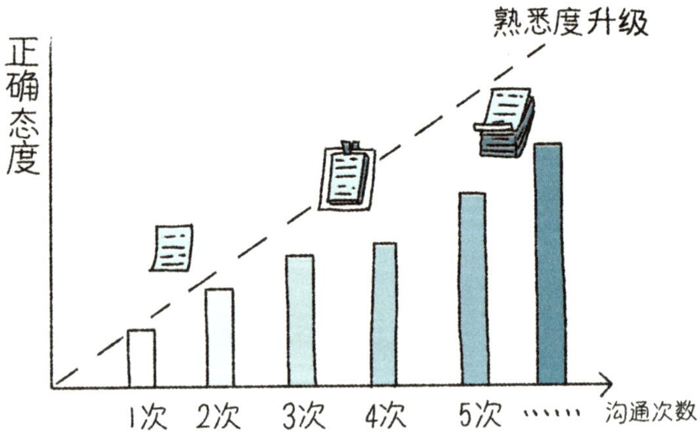

在与核心人物进行交往时，一定不要流于“溜须拍马”，因为有能力的关键人物大多属于实干型的人物，比起我们的“嘴上功夫”，他们更看重年轻人的真才实学。而且如果正好遇到讨厌这种风气的人，不但达不到理想的效果，反而会弄巧成拙，让我们之前的努力付诸东流；同样，我们也不要因为过度谨慎掩饰真正的自己。**正确的态度是本着学习、交流的目的进行交际，诚恳、谦虚但不亢不卑，将自己的工作和想法与核心人物进行深入的沟通，充分地展现自己，这样才有可能得到更高层次的指导，获得丰厚的收获。**

注意维系与同级和后辈的关系

在努力与核心人物结交的同时，我们也不能因此就忽视了与同级和后辈的联系。老人常说，三十年河东，三十年河西，每个人的发展都不可限量，与我们一起成长起来的同事，大家都是过五关斩六将被选拔进来的年轻人，与我们一样充满了建功立业的雄心壮志，我们应该珍惜并保持与他们的关系；我们的后辈，虽然资历上比我们弱一些，也同样是未来拥有无限可能性的年轻人，如果我们能在他们成长的道路上予以援手，则更容易赢得值得我们信任的小伙伴的支持。

对同事及后辈的关注，通常是人际协调技能升级的一个必要过程，也是人际协调能力日趋成熟的一个显著标志。**因为把跟自己差不多的人纳入交际圈最有**

维系同级关系，让自己成为核心

效的方法莫过于：第一，自己成为核心人物，让自己足够优秀到成为他人需要结交的对象；第二，掌握主导权，主动进行交际或策划各种活动，成为人际交往的核心。当我们学会这样做的时候，通常意味着我们已经在人际协调和交往中成为掌握主动的一方，懂得了如何更好地管理和维护自己的人际关系资源。更进一步地说，**当你在同一水平线上建立了人际关系网，你的人际影响力和行动力会使你脱颖而出，这对于你跟上司之间的关系处理也有非常重要的意义。**

职场小路灯

● 在公司内我们会遇到各种各样的绩优股与潜力股。无论是对强人还是对和自己同一水平线上的战友，我们都应该采用积极、科学的方式，掌控好合理的节奏，真诚相交，用心维护，才能在未来收获优质的资源。

TOPIC

4–4

职场第一课·人际协调

如何协调与维护公司外人际关系

● 打破公司内交往的惯性思维！

QUESTION

我们在工作中，往往也需要结交公司外的各种人士。尤其是在我们市场部，面对的主要交易对象便是各类客户。那么在进行公司外的人际协调时是不是只注意前面几点就可以了？

ANSWER

无论是公司内部还是外部，人际交往的大多数原理都是相通的。但要注意的是，在与公司外的人接触和联系时，必须打破一些惯性思维，在几个方面需要特别谨慎。

公司外人际交往的难点

（一）企业文化隔阂

与结交对象来自同一个集体所不同的是，与外部人员打交道，等于重新接触一个全新的集体文化。我们在与其他企业的人沟通时，总或多或少会带上本公司的一些工作风格和思维习惯，例如蔬菜配送公司的企业文化之一是“高效”，那么小洋在与一个国资背景的公司谈合作时，就很可能对对方内部流程的烦琐感到难以理解，一个简单的盖章流程，在蔬菜配送公司只需要履行两至三个审批流程便可以完成，至多需要半天时间；但在对方公司，需要前后四五道签批，而且由于领导经常参加各种会议或出差，导致有可能需要两至三个工作日才能盖好章。

（二）信息不完整

由于交往的对象来自不同的公司，双方存在获取信息上的障碍。例如，对于一个全新的合作伙伴，如何精准地找出对方企业的核心人物，这就是一个不小的挑战。我们首先得搜集各种直接或间接的信息，接着对相关信息数据进行甄别和分析，最后还得通过一些方式验证和核实结论。这期间花费的时间和精力都远远超过公司内部的人际协调。需要我们尝试更多的途径，具备更多的耐心。

打破公司外人际交往的难点

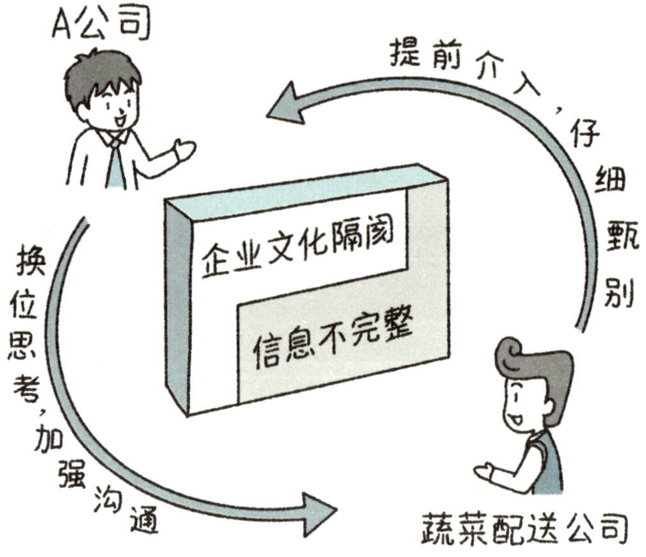

公司外人际交往的策略

鉴于此，我们在建立公司外部人际关系圈时最好做到下面两点。

（一）换位思考，加强沟通

我们在进行公司外部结交时，要特别加强对彼此工作状态、企业文化方面不同的考虑。比如对方可能加班严重，而自己有双休，那我们就应当尽量给对方提供时间上的便利；又比如对方的合同习惯沿用格式文本，那我们应该提前咨询自己公司的法律顾问，在最大限度地保护自己公司利益的前提下，协商好相关条款。

总而言之，我们需要设身处地地思考问题，更加注重圆融沟通与协调，切忌直接带入自己工作的惯性思维或过于强调本公司的工作方式，从而导致对方的反感。只有理解并包容不同的企业文化差异，提前给不可预计的问题留下解决的时间，我们才能处理好企业文化差异带来的矛盾。

（二）提前介入，仔细甄别

由于不同企业间信息壁垒的存在，我们需要非常早地着手了解对方公司情况的工作。需要搜集的信息也五花八门，因为很多信息获取的方式是靠间接“听说”，所以质量也会良莠不齐。例如核心人物的确定，我们不能像在自己公司一样，靠平日工作中细致入微的观察来识别。只能通过介绍者（该公司员工或其他客户）进行现象的描述和消息的传递，因此我们需要从更广泛的方面、多渠道地进行了解。通过多种渠道核定和甄别的核心人物一定会比单渠道更为可靠。

职场小路灯

●对公司外的人际协调与维护，我们既要把握共性，也要区分个性，要特别慎重考虑外部交往中的特殊问题。如果我们能妥善处理好这些问题，那么困难反而会变成我们的机遇。

打开交际之门，走出自我地带

你的人际关系可以像一支队伍

有条不紊的高效人际管理大作战！

●可不要小瞧人际关系的维护，这其实是一项非常细致的工作，细致到需要把许多事项变成我们生活的一部分。化琐碎为习惯，才能将事情处理得井井有条。如果把我们培育人际关系看成打造一支多样、有效的队伍，那么这支队伍的不断协调和壮大必然要经过耐心的养育和维护。

排兵列阵

我们要实现队伍的强大，首先得对每个队员有足够的了解。**我们可以试着把交往对象按姓名、生日、公司单位、兴趣爱好、近期烦恼、喜好话题、最近联络日期、上次谈话内容等项目进行一个统一的罗**

将交往对象排兵列阵

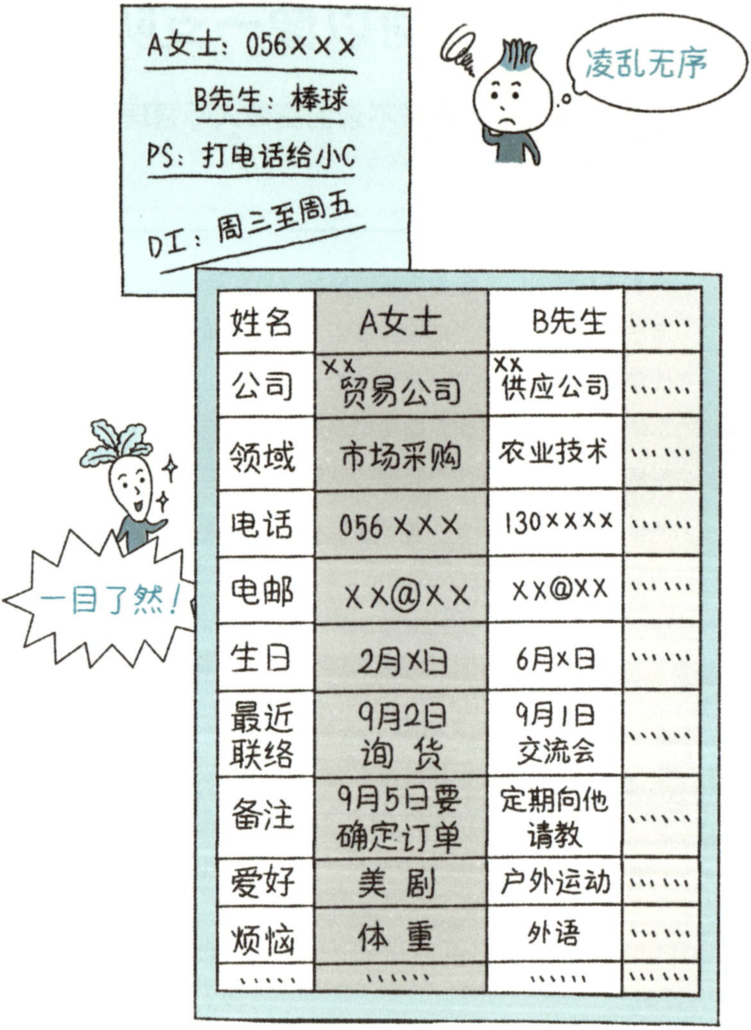

姓名	A女士	B先生	……
公司	××贸易公司	××供应公司	……
领域	市场采购	农业技术	……
电话	056×××	130××××	……
电邮	××@××	××@××	……
生日	2月×日	6月×日	……
最近联络	9月2日 询货	9月1日 交流会	……
备注	9月5日要确定订单	定期向他请教	……
爱好	美剧	户外运动	……
烦恼	体重	外语	……
……	……	……	……

列。也许你会讶异，人际关系的管理竟然需要细致到如此地步？可能刚开始的时候你会觉得信息的收集和归类特别琐碎和麻烦，但一旦步入正轨你就能享受到这个方法带来的便利了。从此再也不会发生这样的尴尬：“唉，上次电话里认识的某某公司业务员不是姓张吗?！刚叫错了好难堪啊！”也不用担心再次见面时没有话题或聊不下去，更不会因为时间一长就疏忽了与对方的定期联络……**只要我们平日养成随手记录的好习惯，并且科学归类，那么在总结和回忆人际资源的时候，也就能轻松地做到不疏漏、不含糊。**

比如入职三个月的小米，应当有一张10~20人的名单了，范围主要为同事及经常往来的客户。花一点功夫，小米便能列出一张明细表，对这些交往对象做一个简要描述和总结。这样便能一目了然地确定近期需要加强“培育”的目标、对方的易切入点及雷区，也就能将手里的工作根据轻重缓急安排得当。

分类管理

其次，我们需要根据已有的信息对每位对象进行分类管理，分类的标准可以多样化。例如：根据内容分为交流学习、业务往来、潜在客户等，根据重要程度分为重大客户、重要客户、一般客户等；或者根据轻重缓急分为项目必要联系对象、计划加深关系对象、

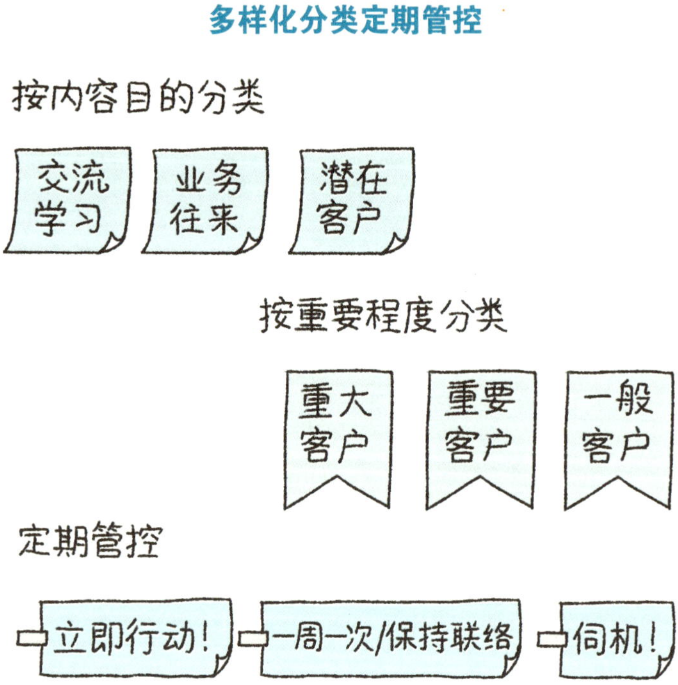

尚未取得沟通对象等。

小米完成了上述表格以后，可以根据不同分类针对不同对象来计划下一步工作。例如与同部门的年轻前辈们抓紧时间沟通熟络，因为他们更好接触，也是目前小米开展工作更加需要求助的对象。通过这样的区分，一方面更有利于小米平衡自己有限的精力来进行交际，另一方面也使得她的人际交往更富有层次，不会顾此失彼，交际的效率和效益值都能实现最大化。

定期管控

布置和计划工作完成后，就要开始实战演练了。**我们可以采取多种方式，具体问题具体分析地来管控人际关系的良好发展**。比如对于某个重要项目的必要联系对象，我们得立即行动起来，马上取得联系以便尽快切入主题；还可以为我们计划与之加深关系的人设置个提醒闹铃，每隔一两周联系一次，避免生疏；

对尚未取得沟通但属于潜在争取的客户的人，我们可以选择前面介绍过的结交职场人士的周全方法，稍微等待一些合适的时机一步步进行接触，不必急于求成。

同样，小米也需要对不同的交往对象调整一下联络的频率和方式。对公司的同龄前辈们，可以选择每周一次聚餐和逛街，既能交流又能丰富自己8小时之外的生活；而对年长的上司，单独见面不合适，我们可以积极主动发起一些小的集体活动，比如部门登山等，邀请上司来参加，这样既避免了尴尬，也能加深小团队的凝聚力；对长期稳定的客户，则一定要在逢年过节，以及对方的生日等特殊日子，记得送去适当而周到的问候和关怀。

一位著名作家曾写道，“一个人要像一支队伍”，我们认为这个目标的实现其实有更高效的方式——培育一支队伍，并且参与其中。**有一天你会发现，强悍的人际协调技能帮你井井有条地实现各种资源的最佳配置。**

PRACTICE STARTS
课后作业

基本

理顺自己的职场人际资源，再据此培养良好关系，有助于稳妥地扩展自己未来的发展道路。有了这样的思想准备才能坚持下去。

活用

回忆一下工作中的人际资源，试试动笔将他们按重要度或紧急度分类吧！

技能升级，谨防漏洞！

在人际交往过程中，你有没有踩到过雷区？想要长久的战友关系吗？人际协调技能为你提前备好扫雷仪！

组建你的人际关系资源网

第5章

职场人际关系中哪里可加分

TOPIC

5–1

职场第一课·
人际协调

说“不”的正确方式

● 想说“不”不容易，你是否掌握了拒绝的艺术，并具备了拒绝的勇气？

QUESTION

我总担心交友圈太广，容易给自己带来很多不必要的麻烦。比如在与人交往的过程中，总会发生难以拒绝他人请求的情形，但自己又感到很有负担，这个时候我们应该怎么处理才妥当呢？

ANSWER

的确，一味应承别人的要求，很容易成为大家眼中的“老好人”，不但增加了自己的负担，还容易“宠坏”朋友。我们应该学会有艺术地说“不”！

拒绝的勇气

很多人都有小米这样的顾虑，担心被复杂的人际关系所累，弄得自己筋疲力尽。我们身边也不乏这样的朋友，永远无法拒绝别人的请求，总是尽心尽力地忙前忙后，帮了 A 就不能回绝了 B，长此以往，让自己陷入了高负累的人际关系中。

我们并不提倡这样的交往方式，一方面有限的精力让我们无法承受所有人的请求，也违背了我们人际交往的初衷；另一方面，人们在习惯性地接受他人的馈赠后，会产生依赖心理，如果有一天你拒绝了，反而会引起他们的抱怨和责怪。因此，对于自己无法做到或不愿意做的事情，勇敢而礼貌地拒绝吧，人们会永远欣赏一个真诚的人。我们自己也能从繁重的人情负债中抽离出来，获得真正的交友乐趣。

拒绝的艺术之“三避免”

对于不合理或超出自己能力范围的求助，我们应当拒绝，但要采用礼貌和委婉的方式，让被拒绝者不至于难堪和受伤。简简单单一个“不”字，说起来并不简单，拙劣的拒绝方式往往是在给自己挖陷阱。在职场中如何避免误会、合情合理地说出“不”，这就需要我们掌握拒绝的艺术。

（一）避免过于干脆的拒绝

同一个部门的林组长让小米帮忙做一个表格，但小米手头的工作已经饱和了，如果此时小米心急，直接对林组长说“不，这又不是我的工作”，这样过于直接和带着责难的语气一定会让作为前辈的林组长觉得丢了面子，说不定还会当场黑脸。这时候我们作为晚辈，应当礼貌地表示为难，委婉地说明自己手头的事情非常多，能不能找别人来做。语气尽量诚恳地解释清楚原因。这样，通情达理的前辈也不会因此对我们心存芥蒂。

（二）避免拖到截止日前一天拒绝

在上面的情境里，如果小米一开始默默应承了下来，到了要交表格的前一天，由于任务量过多导致无法完成表格，这个时候才对林组长说不行，那么留给林组长的时间也不足以好好完成这个工作了。与其这样耽搁他人，使其陷入被动，还不如一开始就直白地说不行。否则很有可能给对方留下效率低下、办事没有计划的坏印象，从而导致一条可能很重要的人际线被掐断。

（三）避免模棱两可与轻易许诺

如果小米内心是拒绝的，但碍于情面又不好意思口头拒绝，于是跟林组长表示这周自己没空，下周应该能够完成，如此势必会给林组长留下一个心理预期。如果到了下周小米却又被安排了新的工作任务，而林组长一直在执着等待，那么此时更没有拒绝他的理由了。小米只是把这个麻烦延迟了一周而已，并没有实质的改变，反而可能让自己变得更加忙碌了。更进一步说，如果此时还不能完成林组长交付的任务甚至自己的任务，那势必会给人留下一个不负责任、能力不足的坏印象。

学会拒绝

如何得体地拒绝他人

勇于拒绝但要巧妙拒绝，我们可以依对象的不同分情况来讨论。

对于长辈的要求我们需要礼貌、诚恳地婉拒。沿用上文中的情境，小米不仅需要注意言语方面的情理表达，还要注意举动与表情。不要着急开口，可以先大致听一听或看一看林组长要求的表格大抵是什么样子。既然是要拒绝，当然不能一脸喜悦的表情；无动于衷的冷漠表情也会让人心生芥蒂。面露抱歉与遗憾的表情或神态，可以起到进入拒绝状态的过渡作用。然后小米可以诚恳地说："林组长，不好意思，这两天我手头的工作任务实在是已经排满了，如果不能按时完成我就要拖大家后腿了。虽然我很愿意帮您做这个表格，但到周四之前多半没有时间，因为您这个表格还要计算数值，会需要一些时间。如果您急着要，可以问问其他同事方不方便。"

而对于同龄人的要求，有时我们可以用诙谐、幽默的语气来表达拒绝。比如对于不拘小节的小洋，小米为难地笑说："本是同根生，相煎何太急。我自己的任务这两天都要完不成啦，下次有时间一定帮你好不好？这次真的很抱歉，爱莫能助，请放过已经火烧眉毛的我吧！”相信小洋听到这样的话，也会不忍心责怪小米。

职场小路灯

●勇于拒绝但要巧妙拒绝，对于长辈的要求我们需要礼貌、诚恳地婉拒，对于同龄人的要求我们可以用诙谐、幽默的语气来表达想法。不要让自己陷入两难的境地，也不要让人觉得自己冷漠和无礼，这才是说“不”的正确方式。

TOPIC

5–2

职场第一课·人际协调

切勿过河拆桥

● 不要忘了感谢你的人际连线人。

QUESTION

许多的人际交往都要靠一些中间人来搭桥牵线。比如在中间人帮我们与目的方建立联系以后，我们该如何跟中间人保持联系呢？

ANSWER

千万别忘了介绍人这一环，在某种程度上，他们甚至比所介绍对象的地位还要重要。及时反馈信息、跟进相关进展，并且在事后表达适宜的感谢都是必要的。

不能忽略连线人

我们换位思考，哪怕我们在整理资料时出于好心帮别人影印了一些资料，即使是举手之劳，如果对方毫无反应一副理所当然的样子，我们内心是否也会有点小失落？**更何况帮人介绍朋友，实际是一种资源的分享，需要付出人力（也许还有财力）。如果忽视介绍人的付出，会给人造成一种过河拆桥的不良印象，最终只会让自己陷入孤岛。**

正确处理与介绍人的关系

从另一方面想，介绍人本来也是自己人际关系中重要的一环。能够有足够的交情让介绍人付出时间

和精力与我们分享人际资源，足以说明彼此之间情谊深厚。在珍视的亲友为自己提供了便利之后，如果不能适时给予反馈，或者干脆把介绍者忘了，这是非常危险的行为，容易让人产生一种被利用了的心理，介绍者不但不会再给你介绍了，还会担心与你之间的关系，这就得不偿失了。**时常与介绍人进行沟通，交换新的资讯，不仅可以加深彼此之间的交情，从另一个角度来看，也是在给自己创造更多的机会。**

及时的沟通和感谢并重

因此，我们在被介绍的前后都要记得时时估量介绍者的心情。

首先，在介绍的过程中不要一味地催促对方，一方面容易给介绍者带来过大的压力，另一方面也会让他们觉得没有被信任。**恰当的做法是有节奏地进行询问，既要避免让介绍者觉得烦恼和负担重，也不要让对方觉得你不着急或者漠不关心。**

其次，**介绍过后不要忘了跟介绍人汇报进展情况，双方有什么事情也切记让介绍人先知道。因为介绍人本身也是这一过程的参与者，我们任何一方都是先一步与介绍人认识再互相认识的。**如果你和被介绍人认识了以后，什么都要经由被介绍人告知介绍人的话，介绍人会认为自己因没有利用价值了而被忽视，进而觉得自己没有得到起码的尊重，更严重的情况是介绍人可能还会心生不满，从而导致你和介绍人之间的关系破裂。

最后，表达感激既是基本的礼仪要求，也是切不可忘的一环。**无论介绍是否成功，都要适当表达感谢，这样为你提供帮助的人能收到一个起码的信号——你理解并感激他的辛劳。**从方式上来说，可以是直接的语言表达，也可以是贴心的小礼品。如果介绍成功，最好能邀请介绍人、被介绍人在一起聚一聚，毕竟被介绍者此后就成了大家共同的朋友，一起交流能让气氛更加缓和，还能加深彼此的感情，一举两得。

职场小路灯

●我们时常容易忽视与人交往过程中的一些细节，比如对介绍人的感激与打点，或由于懒惰导致过河拆桥。与人相处本来就是一门细节的学问，只有用心体会和对待，我们才能渐入佳境，寻求到人际协调和交往成功的密匙。

TOPIC

5–3

职场第一课·人际协调

更好的买单方式

● 避免生硬的买单方式，灵活生和气。

QUESTION

请客吃饭也是一个难题，每当看到有人在大庭广众之下推搡着抢单都觉得尴尬。如果大家一起吃饭，我们是应该积极地买单，还是应该尽量避免发生金钱往来，各付各的呢？

ANSWER

的确，现在越来越多的年轻人在相处中习惯采用 AA 制（指各付各的）。但在职场中即使采用 AA 制，也不是在一次聚会中非常生硬地你给一半、我给一半，精确到毫厘。而是讲求人情上尽量对等与你来我往的买单方式。

不 AA 会让人际关系利益化吗

诚然，人情最忌讳金钱上纠缠不清。“谈钱伤感情”已经成为一种共识，但人与人的交往，只要涉及各种社交活动，就不可避免会有金钱上的往来。比如我们出去聚会，无非就是大家一起逛街、唱歌、吃饭，哪个环节不需要花费？又或者跟亲友参加户外运动，逛公园、打球，什么活动能避免开销？因此如何买单就成了大家不可回避的一个问题。那么我们采取AA制是不是合适呢？如果不AA，会不会就此让大家的交往显得利益化？

我们的建议是职场尽量不要AA。虽然各付各的方式确实能避免许多麻烦，但也会因此冲淡彼此间交往时熟悉的气氛，尤其是在年龄有差距的集体聚会中，由于每个年代的人观念不同，还容易让部分长者心生芥蒂。当然，**我们说不AA，并不代表什么场合都要抢着买单请客，这样单方面的金钱付出也不符合对等的交往原则。大家应该采用更为灵活的方式来分担金钱上的花费，这样既能避免金钱上的不清晰，又能够避免彼此产生隔阂。**

用大家都舒服的方式买单

很多人可能觉得老被请客和老请客也容易产生人情上的负担，但其实我们回忆一下，很多时候请客的人只是单纯觉得是人情往来的需要。**因为不管请客还是被请客，都能产生双方情感联络的事由，这才是请客行为的真正价值，而“各付各的”则明显会减少人际关系的往来。**

因此我们建议在职场中，灵活地采取一些大家都感觉舒服的经济分担方式或替代方法来买单。一定要避免生硬的 AA 制，过于较真地去计算各自的消费金额。

（一）轮换买单

我们可以采用上一顿由对方支付，下一顿自己来买单的轮换方式。例如在对方执意由他买单后，我们可以诚恳自然地说：“下次我请客，届时务必赏脸啊！”哪怕中间会有一些差额，但比起生硬的清算同等金额给对方的方法，这样要自然、舒服很多，并且还“预约”了下次加深关系的机会。

（二）小礼替代

或者在某些特殊情况下，对方抢先买了单，我们感到过意不去，那么我们可以给对方送上一份合适的小礼物表达感谢。又或者对方提前就告知邀请我们去特定的地方（包括去别人家里做客）用餐，我们没有买单的机会，那么可以在赴宴时带上一瓶好酒，或者在之后买个贴心的小礼物作为回赠，既礼貌又让人感受到了心意。

（三）A大于A的AA制

如果遇到实在习惯各付各的买单方式、坚持拒绝我们请客的人，那么我们也可以做到在结账时支付包括零头在内多一点的金额。比起一比一、锱铢必较地结算，这样各付各的买单方式会更自然。

职场的买单方式

职场小路灯

● 买单常常是人情与金钱交汇的时刻，我们完全可以采用灵活的方法，为自己的人际关系赢得更进一步交往的机会。千万不要以过于生硬的买单方式图一时方便，而导致人际关系的疏远。

TOPIC

5-4

职场第一课·人际协调

有距离才是美

● 与客户之间的关系要把握一个度。

QUESTION

都说交往要以诚待人，那在职场中是不是也可以像在生活中一样，对待所有的交往对象都倾心倾力呢？

ANSWER

我们提倡以诚相交，不算计、不欺骗，但这并不意味着毫无防备地对待每个人，尤其要把握好与客户的距离，严守自己的底线。

亲疏有度，张弛有道

任何人际关系，我们都要把握一个“度”，即在交往中有自己的原则和节制。这一点在职场关系中尤

为重要，因为我们面对的人际交往对象来自社会的各个阶层和领域，而每个人都代表着一方利益。例如小米的圈子，会有亲人、同学、闺密，同属一个公司的同事、上司，也会有公司服务的蔬菜供应商、购买商，甚至还会有同行业具有竞争关系的公司员工。而小米在与这些人打交道的过程中，自然应该有一套自己的准则：与亲友可以谈人际交往的难题和烦恼；而同事之间最好不要妄议公司内的人员体制；与领导的沟通最好围绕着公司业务展开；与客户或者竞争对手则要保持适宜的距离，如果不小心，可能无意中泄漏公司的商业秘密，导致触犯员工的行为准则甚至法律。

无心为之称为“失”，有意而为则为“耻”。我们除了管住自己的嘴，还要管住自己的心。不要为了一时的交情或眼前的蝇头小利做出违背良心和职业道德的事情，因为说不定它将摧毁你的职业前途，甚至成为你终生的污点。

与客户之间的距离

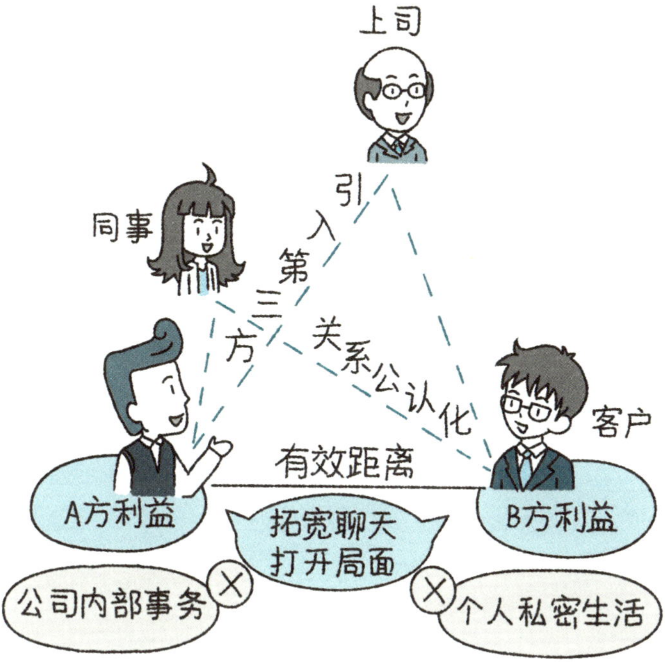

巧妙设置有效距离

作为公司领导，肯定是不希望员工跟客户之间关系太过亲密。过于亲密的关系会招来上司的怀疑，尤其在银行、证券这样的金融机构中，这一类问题就更为敏感。但是在与客户交往中，如果一味将话题集中在工作上，会导致谈话气氛始终维持在一种严肃和紧张的状态；并且在查探到对方的态度后，彼此都会变得有所保留、小心翼翼，从而影响合作的开展。

在这种时候，为了打开局面，我们可以适时拓宽聊天的范围，例如交流一些对社会时事的看法、对各自爱好的讨论，但尽量不涉及公司内部事务及个人私密生活；为了避嫌，我们最好把跟客户之间的关系公认化，例如引入我们的上司或第三方同事到这段交谈中。当有上司在场、有同事佐证，我们跟客户的关系也就变得更透明，大家才能无负担地进行业务交流。

职场小路灯

● 与客户保持适可而止的友好关系，做到进退有度，目的是坚守自己的职业底线，让公司相信我们的职业操守，也让我们明确自己的初心。这样才能确保我们在未来的职业道路上走得更长、更远、更健康。

TOPIC

5–5

职场第一课·人际协调

“城墙之基”

● 注重同事与后辈所能凝聚起的力量！

QUESTION

有的人看上去很有号召力，在同僚中一呼百应，感觉真是很不简单呢。

ANSWER

是吧，你也有这样的感觉吧？这是因为，对方在维护职场人际关系时做到了兼顾同僚和后辈，为自己搭建起了职场墙基。这也是一个我们防止职场漏洞的小“真相”，需要特别注意。

同僚情谊的城墙

基于公司人员构成的特殊性，花费一部分精力在与同级和后辈的交往上是绝对有必要的。

首先，同级别的同事和资历浅一些的后辈在公司员工里的数量是占据优势的。我们日常工作中接触的机会也最多，需要沟通和互相照应的时候远多于与上司相处的时间；其次，因为地位的平等、年龄和经历的相近，与同级和后辈搞好关系要比和上司搞好关系更简单，也更容易建立起深厚的友谊。在日常与同事的交流和分享中能获得更多的充实感，也许也会收获一生的情谊。

从更深一层来看，和同级、后辈的情谊也可以说是你在职场所处地位的保险装置。与他们建立起牢固的关系，在工作中也就容易得到更多人的支持，自己也能集思广益从中收获更多。

小心独木桥

与此同时，我们应该谨慎处理与上司的关系。与上司保持适当的熟络是没有问题的，毕竟，一个不被上司看好的员工，其职场之路也不会太好走。但切记不要为了讨好上司而得罪同事，因为你并不知道自己是否只是一颗棋子。试想有一天，当上司调离你的部门或离开公司，又或者上司为了明哲保身选择让你“背锅”，那么被你得罪的同僚届时就会毫不犹豫地孤立你。相反，如果我们注重在自己宽裕的时间里兼顾好同级、后辈，为自己争取更多的群众基础，获取他们的支持，那么无论你在公司里如何调动，都会发现总有人坚定地站在你的身边，给予你支持，而大部分人会选择相信多数人对你的评价。最终，这些身份普通的同事反而可能成为救你于水火的关键人物。因此，我们可以再一次不夸张地说，跟同级和后辈处理好关系，对自己来说相当于建造了一道职场人际的防火墙。

与同级及后辈的关系

职场小路灯

我们并不是要妖魔化职场的人际交往，而是要告诫大家，不要因为急功近利而牺牲掉辛苦构筑起来的群众基础，这道防御之墙不但能给予我们职场之道的安全保障，还能在我们成功登顶之后，成为我们坚强的后盾。

打开交际之门，走出自我地带

人际交往中的其他警示牌

维系长久且有质量的人际关系的真相。

最后的最后，让我们逐步掌握人际交往的一些真相，将其当作对我们人际协调技能的查缺补漏，它们也能解答我们长久以来的疑惑：怎样才能拥有长久、坚固的人际关系？换句话说，在人际交往的实践中，怎样才能有效避开雷区，顺畅前行？

不进行无聊的攀谈

没有价值的漫长攀谈给人的感觉就像在阅读一部冗长而无趣的小说，也许作者自己乐在其中，但读者早已打起了哈欠。在日常交流中，说太多无聊的话不但会让人觉得不耐烦，还可能让他人对你的印象变得负面，由此怀疑与你交往的价值。

我们认为，在往来中，礼貌的寒暄和适当的问候是必要的，如果你足够幽默，还可以选择在工作的午休和茶歇时间，与同事三五成群地聊些有趣的话题。**但在闲聊时请一定记得观察大家的反应。**比如小洋对昨晚的足球比赛兴致勃勃，但如果观察到听众只是露出礼貌的微笑并没有接话的意思，或者有人开始低头拨弄手机，说明聊天已经陷入了冷场，这时候应该适时打住，转换到新的话题或者把说话的机会让给其他人。**懂得在适当的时候转换话题或结束交谈，才算基本学会了控制交流的节奏。**

绕道是非

议论是非永远是办公室交际最忌讳的一个行为。大家聚在一块讨论他人的长短，当时可能会觉得很新鲜、很欢乐。但一方面这对被议者是一种不善，你无法排除“有一天被他（她）知晓”这种情况，而一旦发生，他（她）即会对你产生非常坏的印象；另一方面，每场议论的参与者事后也许都会不自觉地想到，今天我们在说别人的是非，明天你是不是也会在别人跟前说我的长短呢？或者你会不会将这些是非传播出去呢？由此产生这种相互不信任的死局。

我们应该成为他人眼中远离口舌是非的人，这样无论何时，我们都不会因一时的八卦冲动失去值得相交的人。即使当有人主动与你讨论他人是非的时候，也不要口快作答。最好的办法是抱以礼貌性的微笑，表示自己不知道或对他人的是非不感兴趣。不必要得罪想与你嚼舌根的人，对方在得不到你的共鸣时自然会停止这个话题。

善待后行者

职场中存在等级之分，这是因大家的职位和入职年限不同产生的。我们应当善待每个人，尤其是暂时不如自己的人。不要因为自己比他人略懂一二，就洋洋得意而拒绝与他人交往。**在商业社会，等级的金字塔永远都在变化，我们无法详尽预测每个人未来的可能性。**今天经验比自己欠缺的后辈，通过其暗自努力，明天就有可能大放异彩，成为自己最默契的伙伴或者竞争对手，甚至是我们的上司。**我们与人为善，在力所能及的时候给予他人便利，说不定也会在将来某一天得到很好的回报。即使没有实际的反馈，我们也能让人心存感激，为自己的顺风航行增加一份正面的力量。**

表达不含糊

职场往往被人们看成是利益交错的圈子，能够不含糊而中肯地表达自己的人更容易打动别人。说话率直的人常常带给人诚实的感觉，又因为坦诚会被当作非常珍贵的特质，从而让人安心交往。

当然，我们这里说的率直，并不是不经大脑什么话都直说。若是过于直白反而会适得其反。**所谓表达不含糊，是要求我们在与人沟通时具备表达的勇气、斟酌的心思和说话的艺术，对一目了然的事实不隐瞒，对合理正当的建议不拐弯抹角，为人处事展现出自己的坦诚和率直，这么做反而更让人愿意以诚相待。**

质量比数量重要

就像本书在开篇就提到过的，我们结交的对象应当是能成为自己导师的那群人。我们培育的人际关系建立在真挚的基础之上，并不是简单的泛泛之交。逢年过节的群发邮件和日常会面的点头微笑能给他人留下亲切的好感，但不足以建立起彼此互相信任的基础。**因此根据不同的具体特定阶段，在我们频频递出名片之后，更应当有选择地深耕对应的人际交往对**

象，精心培育出高质量的人际关系。

对于有的结交对象，我们可以一直维系在工作上的伙伴关系；而对于有的人，我们可以深入发展为自己的良师益友。鉴别出能让自己学到知识和经验、能给予自己正能量的人，集中更多精力发展与他们的关系。

作为初入职场的小菜鸟，我们充满热忱但难免青涩，也许免不了一路跌跌撞撞。人际协调技能此时更像一面护盾，它的加持或许不能让我们扶摇直上，但它能让我们深切地感受到“我不是一个人在战斗”。我们得以成长和成熟，终会实现在职业生涯中拓展出一片属于自己的广阔天空。

人际交往中的其他真相

PRACTICE STARTS
课后作业

基本

大家不妨回想一下，自己在职场人际交往中是否无视过以上几点呢？试着总结一下自己曾经交往不利的原因吧。

活用

记住这些小警示并时刻提醒自己吧。你会发现自己收获的好人卡越来越多啦！

现在来测试一下自己的人际协调技能吧！

跟着职场新人小洋和小米，从职场人际交往的不同情境中，找出更好的人际关系处理之道吧！世事无绝对，但若能有所启发，便是一种有效的学习！

组建你的人际关系资源网

- [ ] 第1章 不借他人之力，何以在职场勇往直前
- [ ] 第2章 如何扩大你的人际网
- [ ] 第3章 如何挖掘和善用既有的人际资源
- [ ] 第4章 如何维护日常的人际关系
- [ ] 第5章 职场人际关系中哪里可加分
- [x] 第6章 人际协调小测试 Ready? Go!

第6章

人际协调小测试 Ready? Go!

1

我们先来假设你是小洋

毕业后的你进入了一家蔬菜配送公司的市场部，崭新的环境，陌生的同事。

局促不安的你，如何选择你的下一步？

沉默寡言，做好自己手头上的事就可以了。→ 27

主动向同僚及前辈打招呼，向前辈请教问题。→ 2

2

你似乎引起了同事小米和比基涅斯博士的注意。工作上和闲聊中的互动，消除了你初来乍到的孤独感。甚至有时别的同事也会过来加入你们的谈话。这也许是因为某个夜晚你阅读了此书的

P017 1–4 人际关系广泛与信赖值成正比吗
P023 改变一个人吃饭的习惯

这是个不错的开始，很快，就有一些新的事情发生了。→ 17

3

进入职场有一段时间了。你的手账上满是密密麻麻随手记下的各种信息。打开翻看时，你的心中会莫名地升起一股成就感。好了，现在是否还需要做些什么？

你合上本子。→ 4

还是来总结并理顺一下目前的人际关系吧。小米、比基涅斯博士、林组长、法务顾问、采购经理……大家各自的爱好、擅长的领域、联系方式、上次聊到的话题等，不如列个表格看一看吧。→ 10

4

因为手账里的信息太杂乱，在紧急需要时查阅和调取资料总是耗费不少时间。手忙脚乱的你认识到

P123 你的人际关系可以像一支队伍

还是好好整理一下手账吧！经过一番忙碌，你来到了。→ 10

5

我们再来假设你是性格内向的小米

最近，比基涅斯博士的助手艾玛来蔬菜公司协助博士的社会调查。艾玛像大姐姐一样，让你很有亲切感。内向的你向艾玛倾诉："我的性格不像小洋那样外向开朗。在公司我只和客服部的同事有来往。平时在家休息时我也比较宅……我该怎么办呢？"

艾玛笑说："你不是和我成为朋友了吗？并且，你并不是毫无人际关系的资源啊。联想一下自己身边的人吧！"

你想了想，好像确实没想到……→ 16

自己身边……啊！你忽然想到身边有家人、朋友、同窗……好像不少人际关系躺在自己的电话簿和朋友圈里呢。但是……→ 11

6

你是小洋，为了与连连发超市达成长久的业务合作关系，你逐步与对方的采购经理熟络中。感觉是时候打个电话进一步发展关系了！

周六天气不错，你早早地起床，心想：“给采购经理打个电话吧，催促一下合同进度的事。”→ 23

三思后确认可行，你选择了一个大家都方便的时间，打电话约对方一起吃饭并讨论下合同的事情。→ 18

7

其实你已经明白，经验丰富的法务顾问是公司中的核心人物之一。不要放弃与他的积极交流！

为了坚定信心，你翻开了本书的

P109 4–2 公司内人际关系的交往重点在哪里

公司内的人际交往问题暂时解决了，公司外的人际关系此时也发展到了一个新阶段。→ 6

8

非常好！再继续！

你对比基涅斯博士说："哇，心理学方面的专题听起来好高端，下次有时间的话博士能详谈一下内容吗？"

比基涅斯博士："好的呀。"……

看！你已经拿下了跟比基涅斯博士往后进一步发展人际关系的钥匙！

你对小米说："小米，你知道新剧《拔叔之宴》吗？据说是根据侦探小说改编的呢。"

"啊，是吗，那我去找找相关资料看看。"小米很内向。

你的话对你与她的人际关系完全没作用吗？有必要继续与被动的小米增进人际关系吗？你又回顾了本书的

P102 4–1 公司内人际关系是开拓职场的第一关

然后有一天，小米遇到你，突然小兴奋地说道："那部剧不错呢！虽然小说更好看，但剧里演员的功底也不一般。"

维奥拉！来看看这里吧！

P061 2–6 共鸣时可抒，锋芒适可掩
P153 5–5 "城墙之基"

你和比基涅斯博士、小米维持着良好的同事关系。职场生活继续着，工作中新的情况出现了。→ 15

9

真的要就此拒绝林组长吗？想好了吗？要不要再回顾一下本书的

P030 2–1 人际交往的“四级”论
P054 2–5 予之有道，取之有节

若有所思的你进入了职场的下一个环节。→ 21

10

你总结的表格让各种人际关系发展情况一目了然，于是让你对交往的下一步骤也胜券在握。哪一条关系需要紧急维护、哪一个机会不可错过，清楚的列表让你在众多人际关系中能游刃有余。这又涉及你所阅读过的本书的

P086 3–3 人际协调之判别对待技

当你的人际交往进展顺利的时候，同事小米却在苦恼人际的问题。她遇到了什么烦恼呢？→ 5

11

“想到了吗？”艾玛说，“那些并不完全陌生又有基础的人际关系。可以试试从这里开始扩大人际网。”艾玛带着你回顾了一下本书的

P074 3–1 盘点身边的宝贵资源
P095 人际协调之搜索技

“况且，同事里还有开朗主动的小洋呢！”艾玛笑道。

你点点头，似乎有了底气！不过，职场的历练还未结束……→ 29

12

把界限划分得非常明显的你，虽然没有察觉到采购经理有任何不快的表情，但此后的商务活动中，你明显感觉到他对你又很冷淡了，严格地公事公办。为什么关系没有进一步发展？疑惑的你回顾了本书的

P144 5–3 更好的买单方式

恍然大悟的你决定适时适当地挽回这段关系。得把这件事情记下来！你打开了手账。→ 14

13

因为你事先在公司里打听了法务顾问的个人相关信息，通过短信和邮箱你先向对方做了简单的自我介绍。而对于超市的采购经理，你在商务活动中礼貌地向他索要了一张名片。

借助事先调查的信息，你与对方保持适当联系，一点点加深自己给对方的印象。预热的必要性请参见本书的

P066 如何结交职场陌生人

你的努力使事情发展得比较顺利，你在职场一路攻坚闯关，又遇到了下一个难题。→ 19

14

因为你给采购经理留下了诚恳、不算计的印象，此后他在合作方面都会优先考虑你。而你也渐渐了解了超市内的一些商业模式。这正是本书所提到的

P047 2–4 不拘一行以友为媒，开启人生新视野

你在职场的朋友又增多了。现在要做一件事情了。→ 3

15

公司的林组长找到你："小洋，听小米说你懂电子产品，可以帮我看看打印机不接受指令的原因吗？"

刚跑市场回来的你，如何回答林组长呢？

"好累啊，况且我更擅长手机和电脑，打印机可不怎么了解。"你内心满是不情愿。→ 9

"虽然我很少维修打印机，不过我们先从电脑方面来查找一下故障原因吧！"你说。→ 28

16

"想到什么了吗？"艾玛说，"如何搜索自己的人际资源，我们可以看一下这本书的这几篇……"

P078 3–2 人际协调之唤醒技
P095 人际协调之搜索技

确实如此！你决定按书中的方法好好试一试。回到工作岗位的你，看到有个人朝你走来。→ 29

17

一上午的紧张工作之后，在闲聊中，你开始和大家交流自己的爱好，借由常见的事物，比如手机、电脑等，引出话题：

“我对电子产品感兴趣，平常也喜欢捣鼓它们的扩展功能，翻看一下相关书刊。”

话题到这里如何发展？

“这样啊……”，小米若有所思地点点头；比基涅斯博士笑着称赞。话题告一段落。→ 20

你接着问：“大家平常喜欢看什么类型的书呢？”

小米想了一下，说：“侦探小说。”

比基涅斯博士：“最近常看的是心理学方面的专题呢。”→ 8

18

因为各方面考虑周到，你顺利约到了对方一起吃饭。

“怎样进一步拉近彼此的关系呢？分享一个小秘密？”你思索到。

“不行，比基涅斯博士说过不可以这样做。”你转念一想，回顾了本书的

P149 5–4 有距离才是美

吃完饭要买单啦，与不太熟悉的人一起吃饭结账的场合，似

乎有点尴尬。你掏出钱包……

“一共多少钱？对半分大概每个人是……”（你开始计算）→ 12

“这次让我来付吧！从您这学到很多，希望还有机会多交流！”你不卑不亢地认真说道。→ 14

19

现在你在公司遇到总公司来的顾问时，也会打招呼互相聊上几句了。

为了打开话题，你事先总结好一些工作中遇到，又正好是法务顾问工作范畴的问题，想在对方不忙的时候向其汇报情况并沟通方法。

不过果然还是会紧张啊，如何是好呢？

害怕被顾问无视，对自己充满怀疑。要不先取悦一下对方吧。→ 24

还是通过工作沟通慢慢展现自己吧。总公司派来的法务顾问在某些方面指导公司工作的进行，可以说经验丰富。只要保持热忱坚持沟通下去，总能打动对方并熟络起来吧。→ 7

20

话题真的结束了吗？你觉得自己的话没有起到任何作用吗？于是你想到了本书的

P091 3-4 人际协调之自我标签技

勇敢的你来到了接下来的下一幕。→ 15

21

在跑市场的过程中，一些商务人士出现在你的视野里。

“从总公司来的法务顾问，好像懂很多市场营销的法律知识。如果能和他认识就好了，一定能学到很多。”

“连连发超市的采购经理，是位不简单的经验老手哪，如果能和他沟通顺利，也能改进自己的不足之处。”

这么想着的你，会怎样做呢？

想想而已，明天再说……→ 25

列出想要结交的对象的名单。简单观察并调查一下对方的工作范围、习惯；或从其他业务员和前辈处，稍微打听一下相关个人信息。不知道能不能找到引荐人呢？

太好了！出现了关键人物！→ 26

没有引荐人，单枪匹马。→ 23

— 22 —

见你应承了下来，林组长放心地离开了。周二下午你拼命地赶工，顾不上仔细核算，还是没能在周三上午按时将报告交给林组长。“怎么还没做完？我下午开会要用到！现在还剩多少？”林组长焦急地问道。于是中午你也拼命赶工，勉勉强强在下午将报告给了林组长。沮丧的你晚上回家后翻阅了本书的

P132 5-1 说“不”的正确方式
P157 人际交往中的其他警示牌

明天要继续投身于职场的奋斗中，你暗下决心：职场的人际关系难题，以后来一个就积极解决一个！

— 23 —

这个时间合适吗？行动前你想了想，回顾了一下本书的

P118 4-4 如何协调与维护公司外人际关系

还好你及时阅读了这本书，做出了正确的判断！事情顺利开展。→ 18

24

取悦对方的你，反而被顾问冷淡地对待。疑惑又后悔的你，回顾了本书的

P113　4–3　公司内人际关系的交往小贴士

反省过后，你鼓起勇气决定通过工作方面的沟通来逆袭。有了新认识的你，得以进入下一幕。→ 7

25

一周之后，你还是你，我还是我，我们没有实质交集。职场中这样真的不要紧吗？你疑惑地回顾了本书的

P002　1–1　为什么人际协调技能是职场必备
P012　1–3　什么是人际交往的两个维度

醒悟的你，立马开始行动，通过观察与打探等多方努力，你终于进入了如下情境。→ 19

26

因为你平时维持着良好的职场人际关系，林组长愿意帮忙引荐！他介绍了你和总公司法律顾问认识。你非常开心，以请教问题为契机开始接近法务顾问。

是不是忘了什么？谨慎的你回顾了本书的

P139 5–2 切勿过河拆桥

在接近法务顾问的过程中，你来到了如下情景。→ 19

27

这样真的可以吗？没有存在感，被他人无视。郁闷之余，你回顾了本书的

P006 1–2 积累人际资源的时机
P102 4–1 公司内人际关系是开拓职场的第一关

你带着受伤的心，迎来了初来乍到的职场生涯的第二幕。→ 17

28

真的只修机器吗？在维修的过程中也可以视情况趁机发问：

“林组长，市场数据分析与往年对比时需注意哪些方面的问题呢？

“有机会您给我讲讲大中小超市订货种类的主要区别吧！”

不擅长电子产品的林组长，此时多多少少都会开始为你解答。（注意！如果对方处于很焦灼的情况下就不要发问了。）为什么？来看看这里

P036 2–2 跨越人际交往盲区的入门之道

P042 2–3 以长者为师，择其善者而从之

在跑市场的过程中，也出现了新情况！ → 21

29

“小米，帮我整理一份所有客户的最新数据分析报告好吗？周二上午给我。”林组长路过客服部时对你说。

“啊，周三不就是后天吗？今天要参加培训，明天也要完成手头客户的资料处理与表单备案。最新的数据分析报告，周三上午能完成吗……”你焦虑地想到。

采取缓兵之计，将林组长的请求先应承下来再说。实在完不成时再好好

解释……→ 22

实在来不及呀！长痛不如短痛，现在就拒绝林组长吧！→ 30

30

最终你迅速整理思绪，鼓起勇气婉拒了林组长：“林组长，真的不好意思，今明两天我的工作任务已经排满，周三上午没有办法完成分析报告。如果您很急，建议再问问其他同事；如果能缓一缓，周三回访客户后我可以整理数据分析报告，没有临时紧急任务的话可于周四下午交给您。”

林组长想了想，决定还是去问问其他同事，对你的拒绝也表示理解。

长舒一口气的你，不禁又回忆了一下书中的

P157 人际交往中的其他警示牌

你继续投身于职场的奋斗中，并暗下决心：职场的人际关系难题，以后来一个就积极解决一个！